成吉思汗

Genahis
Khan

成吉思汗
Tenghis Khan

皮波人物国际名人研究中心 编著

国际文化出版公司

·北京·

图书在版编目（CIP）数据

成吉思汗/皮波人物国际名人研究中心编著.--北京：
国际文化出版公司，2012.10（2024.2重印）
（名人传记丛书）
ISBN 978-7-5125-0381-6

Ⅰ.①成… Ⅱ.①皮… Ⅲ.①成吉思汗（1162～1227）
—传记 Ⅳ.①K827=47

中国版本图书馆CIP数据核字（2012）第135744号

成吉思汗

作　　者	皮波人物国际名人研究中心　编著
责任编辑	戴　婕
统筹监制	葛宏峰　刘　毅　任立雍
策划编辑	胡雪虎
美术编辑	丁銤煜
出版发行	国际文化出版公司
经　　销	国文润华文化传媒（北京）有限责任公司
印　　刷	北京一鑫印务有限责任公司
开　　本	700毫米×1000毫米　　16开
	8.5印张　　　　　　82千字
版　　次	2012年10月第1版
	2024年2月第3次印刷
书　　号	ISBN 978-7-5125-0381-6
定　　价	32.00元

国际文化出版公司
北京市朝阳区东土城路乙9号　　　　　邮编：100013
总编室：（010）64270995　　　　　传真：（010）64270995
销售热线：（010）64271187
传真：（010）64271187-800
E-mail：icpc@95777.sina.net

目录

少年磨难

蒙古族的世仇　　　　　　008

复仇之战　　　　　　　　010

也速该遇害　　　　　　　012

部族四分五裂　　　　　　015

死里逃生　　　　　　　　018

少年时的安答　　　　　　024

铁木真的婚礼　　　　　　028

马匹被劫　　　　　　　　030

结识博尔术　　　　　　　036

青年征战

黑色的貂皮　　　　　　　040

突遭偷袭　　　　　　　　044

目录

兵讨蔑儿乞部   052

兄弟反目   057

战场搏杀   063

知恩图报   067

成就伟业

与泰赤兀之战   070

博大的胸怀   074

遭人设计   077

大战太阳汗   080

扎木合之死   088

《成吉思汗法典》   090

千秋霸业   091

目录

晚年雄心

西夏之战   098

发动蒙金战争   101

治国之才   105

征讨花剌子模   110

丘处机   119

"神箭"陨落   123

印度河之战   124

人生遗憾   127

少年磨难

蒙古族的世仇

蒙古族是一个崇尚"强权即真理"的民族。他们骁勇善战，崇尚武力，与农业民族"化干戈为玉帛"的观念大相径庭。蒙古西攻欧洲，南取中国，建立了世界历史上最强盛的帝国——元朝。这个帝国的创始人就是成吉思汗。

成吉思汗之

成吉思汗画像

前，合不勒时统治了全部的蒙古，并开始有"可汗"的称号。合不勒后，立俺巴孩为可汗。俺巴孩继位后，亲自护送女儿到塔塔尔部，却被塔塔尔人送往金国。金国因为俺巴孩曾经杀害过他们的使节，所以把俺巴孩钉死在木驴上作为报复。

当时蒙古最有势力的部族是塔塔尔族，他们宣誓效忠辽国和金国。辽国和金国与中国汉代以后的历代王朝一样，都想尽办法使北方各游牧民族互相牵制、对抗，以减轻对自身的压力。俺巴孩被塔塔尔人送往金国就是最好的例证。

当时，俺巴孩的一个随从冒险逃了出来，把俺巴孩的遗言带了回来："我的子孙们，我被塔塔尔人陷害了，你们今生今世不要忘了为我报仇！"他的这句遗言深深刻在蒙古族的子孙心中，而且一代一代传了下来。成吉思汗的父亲也速该从小就把这句话牢牢记在心里。但是，当时的蒙古族是无法与强大的塔塔尔族相对抗的，也速该只好耐心地壮大自己的力量，等待时机的到来。

也速该的英明迅速传遍了周围的各个部落，蒙古的势力逐渐增强。塔塔尔族怕蒙古族的羽翼强大后会威胁自己的地位，决定先下手为强。于是，塔塔尔族率领大军向蒙古族攻去。

也速该获得了这一消息。"机会终于来了，为俺巴孩报仇雪恨的日子来了！"也速该十分兴奋，跃跃欲试。于是他和弟弟率领了蒙古族的全军人马，奋勇迎战。

复仇之战

太阳缓缓隐入地平线之下，也速该站在队伍的最前面，眺望着河对岸敌军的阵营。敌军正在扎营准备在此过夜。蒙古部的军马一口气在草原上奔驰了数十公里，士兵与马都很累了，因此也准备在此过夜。号令一下，马上准备扎营。

两军隔岸驻扎，营火点点就像夜空中的星星。寂寥的草原一下子变得热闹起来，但是两岸的空气却十分紧张。营火旁来来去去的人影，兵刃银光闪闪，一场战争似乎就要爆发了。夜深了，营火渐次熄灭，静悄悄的蒙古营帐中，一个个黑影悄悄地溜了出来。也速该的弟弟率领部下悄悄地渡河而去。

天色渐渐亮了起来，借着微光已经能够辨认人的面目。霎时间，喊杀声四起，蒙古部的骑兵从塔塔尔部的后面抄了上去。塔塔尔部的人没有防备，惊慌失措，准备拿起武器抵抗，可是已经太迟了。蒙古部的士兵已拉起了弓，一时箭如雨下。塔塔尔的士兵赤身裸体，慌乱应战，却纷纷中箭倒地。

这时河对岸的蒙古阵营鼓声大噪，蒙古部的铁骑一波又一波地冲上来，把塔塔尔的阵营团团围住，放火燃烧帐幕，哭声、喊叫声、谩骂声、兵器打击声交织成一片。天色大明，战争已平静了下来，到处都是塔塔尔部族的尸体，这次蒙古部大获全胜。

"这一仗打得真漂亮，你这个计谋太好了！"也速该拍拍弟弟额济因的肩膀说。

"真没想到他们这么不堪一击。"额济因笑着说。他一边喝着敌人的血，一边提着血淋淋的大刀。

这时部下押来一个俘虏，他似乎来不及穿衣，赤裸着上身，身上伤痕累累，像是经过了一场激战。他踉跄着走了几步，稳住身子，愤怒地瞪着也速该。

"你叫什么名字？"也速该问。

"我叫铁木真。你是谁？"来人面无惧色，大声问道。

"哦，原来如此，久仰你的大名了，比我想象的还要健壮魁梧。经过这次失败后，我想你再也不敢大意了吧？"

铁木真听了这话，反倒大笑起来，他说："我过去是太抬举你了，把你当成英雄，没想到你只会乘人不备的时候偷袭，你的这种行径实在太卑鄙了，为英雄所不齿。"

"什么？难道你的祖先把我的祖先俺巴孩骗去杀了，是英雄所为吗？我和他们相比，只不过是以其人之道还治其人之身罢了！"也速该愤然大骂。

"哼，这次只不过是我的疏忽罢了！"铁木真面不改色地说道。也速该看他豪气云天，不免有英雄惺惺相惜之意，因此改口道："好吧，看在你的勇气上，我饶你一命如何？"

铁木真冷笑道："我根本不在乎生死，不过现在我渴得很，你给我一杯马乳酒解解渴吧。"

铁木真根本不把蒙古族放在眼里，让额济因忍无可忍，他举起佩刀，准备将他杀了。

"等一下！"也速该正想阻止，说时迟那时快，只见铁木真的人头飞了起来，身子倒在血泊中。也速该望着铁木真的尸体，怔怔出神。这时，远处传来了马蹄声，有人大声来报："也速该，你的夫人生了一个又白又胖的儿子。"

"哈哈！"也速该快乐地笑起来，今天真是双喜临门啊！他望着铁木真的尸首，喃喃地说道："铁木真，你真是一个勇士，你刚死，我的儿子就落地，请你允许我把你的名字作为我儿子的名字吧！"在战胜时生下的孩子，就以敌人的勇士命名，这个孩子就是日后的蒙古的霸主——成吉思汗。他出生于公元 1162 年。

也速该遇害

时间一晃而过，铁木真已经九岁了，他天生具有不可侵犯的威严。他的眼睛泛着珍珠般的光辉，族人都说："这孩子长大后，一定会出人头地，干出一番大事业的。"这一年，铁木真和父亲外出时经过一处帐幕，见了弘吉剌部的首领薛德禅。他有个九岁的女儿，铁木真马上被她吸引住了。她就是名叫孛儿帖的小美人，清秀的脸庞上，有一双明亮的大眼睛，这时，双方家长也同意了他们的婚事。

根据蒙古的习俗，女婿要在岳父家工作一段时间才能把新娘娶回去。也速该在亲家停了一段时间，留下铁木真返回自己的家中。在回家的途中，由于饥渴，也速该接受了塔塔尔人的招待。塔塔尔人本来对也速该怀恨在心，但招待行人饮食是他们的礼仪，不过他们暗中在酒菜中下了毒，也速该回到家中来不及见家人最后一面就断气了。等到铁木真赶回来后，丧礼已经举行过了。年幼的成吉思汗需要在这险恶的环境中开拓他自己的新机遇。

"母亲，你放心吧！我会亲手替父亲报仇的。"铁木真跪在母亲面前起誓。诃额仑夫人听了，心中稍感安慰，他相信这孩子能够继承也速该的遗志，成为蒙古族的首领。

此时才九岁的铁木真力量十分薄弱，他的叔叔额济因又缺乏人望，不能继承也速该的地位。过去也速该忠心耿耿的手下，都陆续离开了诃额仑母子，离开了蒙古部。也速该是铁木真的父亲，由于他勇敢善战，立有赫赫战功，所以被族人尊称为也速该·巴特尔。巴特尔是"勇者"的意思。

有一次，也速该在鄂嫩河畔狩猎时，正好遇到蔑儿乞人迎娶新娘，他竟然看上了那位新娘，于是率领族人前往抢夺，他把抢来的新娘作为自己的妻子，她就是诃额仑夫人。诃额仑夫人生有铁木真（后来的成吉思汗）、合撒儿、合赤温、帖木格四个男孩和一个名叫铁木伦的女儿。

也速该在世时，泰赤兀族率领 500 名部属归顺也速该。也速该死后，一天早上，有人报称泰赤兀的首领塔儿忽台带着一干人马渡河而去。这时也速该的得力手下恰拉卡骑马前去追赶。恰拉卡已年近 60 岁，腰弯背驼，但他并没有忘记也速该对他的恩泽。

"塔儿忽台，等一下！"当恰拉卡追上塔儿忽台一干人马时，向塔儿忽台大声疾呼道："难道你忘记了也速该对你们的恩泽了吗？也速该虽然死了，但是他的亡灵仍然在注视着我们。"但无论恰拉卡怎么说，也挽不回塔儿忽台的心。他一边听着，一边冷淡地回答说："也速该再厉害，也无法从坟墓中挣扎出来瞪着我们吧！我们当然要为自己打算，投靠强主，你有什么怨气，自己去对风诉说好了！"说完头也不回地准备离去。

恰拉卡仍不愿放弃，他绝望地喊道："铁木真再过六年就 15 岁了，你不怕和他为敌吗？"

"要打败那样一个小孩子，实在是太简单了！"

"塔儿忽台，你实在太没良心了！"恰拉卡气得脸色发白，他还想再骂下去时，塔儿忽台打断了他的话："你这个老骨头，我看你还是早点去和也速该做伴吧，你见了他的时候，代我向他问好。"说着拔出刀砍向恰拉卡。

恰拉卡的马及时跳了起来，救了恰拉卡一命。但是恰拉卡还是受了重伤，伏在马上逃回了部族。泰赤兀族终于背叛了蒙古，整个蒙古族都感到很沮丧。恰拉卡回来疗伤时，诃额仑夫人派铁木真去和恰拉卡商量以后的事情。

恰拉卡看到铁木真，一时忘了疼痛，连忙爬起来，凝视着铁木真的脸说："我知道自己不久于人世，但是我相信不久以后，你父亲的部属们将纷纷离去，我看了实在伤心。你们孤儿寡母的处境将会更加艰难，我真希望你快点长大，替你的父亲报仇！"恰拉卡说完，终于不支倒地，气绝身亡。铁木真扶着恰拉卡的尸体痛哭起来。

部族四分五裂

也速该部落的牛羊不见踪影了。也速该的部将看到他遗留下来的孤儿寡母成不了气候，都纷纷离去，而且还掠走了他们的牛羊。也速该辛辛苦苦建立的蒙古部族现在逐渐衰落了。诃额仑夫人带着孩子，离开了自己的部落，开始了漫长的流浪，他们采食野菜、草根充饥，有时在鄂嫩河岸钓鱼，有时捕捉旷野中的老鼠。虽然日子很艰苦，但是他们却没有向命运屈服。诃额仑心中唯一的希望就是盼望铁木真快快长大，好替父亲报仇。

"你们快点长大，长大后向塔塔尔人和泰赤兀族报仇！"在树林中搭盖的小房子中，诃额仑对儿子说。

"母亲！您放心吧，等我们兄弟长大了，一定亲手为父亲报仇。"铁木真安慰着母亲。这样又过了好几个月，夏天的一个晚上，额济因的部下突然跑来了，他浑身是血，慌张地说："你们快点逃走，那些人不久就会找到这儿加害你们的！"

泰赤兀族突袭了额济因的部落，逼问铁木真藏身何处，并将额济因虏走。来报信的人说完就咽下了最后一口气。这时诃额仑忙把铁木真叫起来："背叛我们的泰赤兀族现在要来抓你，你得赶快逃走，能逃多远就逃多远，我相信太阳和月亮会保护你的。"

"可是，母亲——"铁木真急忙说道，"我怎么能抛下你们呢？"

"别担心这些了，你的生命是我们全家的希望。你必须活下去，替你的父亲报仇，还要重振我们蒙古族的声威，你快走吧。"铁木真没有犹豫，这时才十岁的他就佩上刀，挂着弓，告别了母亲和弟弟妹妹，骑马飞奔而出。

他一口气渡过了鄂嫩河，穿过了好几座山，朝着肯特山的丛林策马驰去。这一带是 500 米的高地，松林密布。晚上很冷，即使是白天，这里也是浓荫蔽天，光线阴暗。山壁常年被沙漠的狂风吹袭，变成一片光秃秃的岩壁。晚上树丛中弥漫着百合花的香气，随着清冷的空气飘送过来。

越深入森林，草木越茂盛。铁木真打开行囊，拿出母亲为他准备的野菜充饥。两天来，他一直都在分不清方向的森林中乱窜。这样过了三天，粮食已经吃得差不多了，铁木真再也按捺不住，他决定还是沿着原路回去。他的马遇到前面的一块白石后不肯前行，铁木真认为这可能是神的旨意，他决定再回到森林里去。

这样又在森林中待了三天，铁木真饥肠辘辘，一点力气也没有，如果再这样下去，自己不是饿死，就是被野兽吃了。与其在森林里饿死或成为野兽的口中食，还不如被敌人杀死。他又艰难地爬起来，趁着夜色，策马走出森林。可是走到白色岩石的地方，马依然不肯前进。铁木真拔出佩刀，把密生的树枝砍掉，他这才看到，泰赤兀人已经列队在森林的唯一出口，正等着他跑出去呢。

铁木真无路可走，最后终于被泰赤兀族抓到。他们带着他游街示众，最后铁木真被带到首领的前面。

"小鬼，如果饿了的话，就吃这个吧！"塔儿忽台奸猾地笑着，把一只正滴着血的野鼠拿到铁木真眼前。

"我是蒙古族英雄的儿子，这种东西我宁死也不吃。"铁木真还没说完，塔儿忽台就挥着马鞭抽打这年幼孩子的面颊，鲜血从他的脸上流了出来，铁木真忍痛咬紧了牙根。

铁木真心想，他不久就要死掉了。他想到勇敢的父亲、慈祥的母亲，他们曾经告诉过他有关祖先的英雄事迹，他们一一浮现在他的脑海中。铁木真并不怕死，可是自己死后母亲将怎样活下去呢？这才是他唯一牵挂的事。

死里逃生

　　泰赤兀族的首领塔儿忽台活捉铁木真后非常高兴，就好像控制了天下一样。他要在杀死铁木真之前，把铁木真带到各个部落示众，好好炫耀一番。铁木真目光炯炯，丝毫没有畏惧乞怜的样子。

　　这时正好是夏天，鄂嫩河边的草场一片青翠。塔儿忽台统治下的索尔罕族，已备下酒宴准备款待塔儿忽台。双方喝酒吃肉，十分欢畅，铁木真不但手脚被绑，还被捆在松树上，由泰赤兀族的孩子们看守着。大人们喝了一天酒，到了傍晚已经烂醉如泥了，一个个醉倒，发出如雷的鼾声，完全把铁木真忘掉了。

　　太阳西沉，月光洒满大地，铁木真背靠着树干睡着了。这时，索尔罕族的两个孩子在旁边小声议论着。

　　"哥哥，你看看那个小孩子，从他的眼神中，仿佛能看见火花，把我的心要烧起来似的！"弟弟齐拉对哥哥说。

　　"是呀，我也这么感觉的。看了塔儿忽台耀武扬威的样子我就讨厌。我们现在帮铁木真的忙，把他给放了，相信他将来长大之后，一定会为我们复仇的。"哥哥晋贝这时是 14 岁，弟弟齐拉 12 岁。两个人虽然仍是孩子，却看不惯泰赤兀族把十岁的铁木真拖来拖去，在各处游行示众。泰赤兀人这种行为，实在太卑鄙了！

两兄弟正商量着如何搭救铁木真，这时乌云遮住了月亮，大地变得一片阴暗。监视铁木真的孩子，看到宴席上还残留着许多马乳和牛羊肉，忍不住想去偷吃。他们只留下了一个孩子看守铁木真，随即成群地跑去偷吃酒菜。

现在正是搭救铁木真的最好时机。晋贝和齐拉两人偷偷地潜到捆绑铁木真的松树旁，看守的孩子听到一些窸窸窣窣的声音，可是四周太暗了，根本看不清有什么动静。哥哥晋贝很快地用木棒对准看守的孩子的头重重地一击，看守的孩子顿时昏了过去。

齐拉快速地替铁木真解开了绳子。

"快跟我们走，你现在逃跑还来得及。"齐拉说。铁木真的脖子还戴着枷锁，他拼命地跟在后面跑，爬上了岩石，越过了草原。终于跑到两兄弟的家里，他们家的旁边有间仓库，两兄弟打开了门，里面的羊皮堆得像山一样高，他们拿葡萄汁给铁木真喝。

"谢谢你们，否则这辈子再也见不到我的母亲了！你们的恩惠我永生难忘。"

"因为我俩讨厌塔儿忽台那么对你，所以才来救你，希望你长大了可不要把我们忘了。"

“救命之恩，怎么忘得了？可是我现在拿什么来回报你们呢？”铁木真能死里逃生，感激不尽。他紧紧地握着两兄弟的手。铁木真的手柔软而有力，两兄弟的心深深被他吸引了。

齐拉不由得说道：“即使我们父亲反对我们这么做，我们也会尽力保护你，请你一定要相信我们。”

“我当然相信你们。”铁木真说道。正说着，河边传来一片骚动的喊叫声，想必是去偷吃的孩子发现铁木真不见了，这才大声地嚷了起来。

齐拉悄悄地对铁木真说：“你不要动，万一被人发现就糟了！”

“可是我脖子上的枷锁很不方便，你们能帮我取下来吗？”

“你暂且忍耐一下，过一会儿我们还会再来的。”齐拉说道。这时候嘈杂的声音越来越近，齐拉的父亲锁儿罕失剌听到铁木真逃跑的消息非常吃惊，立刻跟着众人出去寻找，两兄弟也假装无事一样混在人群中。齐拉忽然又折了回去，把家中正在熟睡的妹妹卡达叫了起来，对她说：“快把仓库的门打开。”他怕等大人们怀疑时再打开仓库的门，铁木真想逃也来不及了。如果先打开仓库的门，铁木真可以相机行事，趁机溜掉。

塔儿忽台拿着火炬，他仍有醉意，但却满脸怒容。他对索尔罕族的首领失剌很不客气地说：“失剌！我并不是怀疑你对我不忠，但我也不能对你例外，我仍然要搜查你的家。"

"你要搜查什么啊？发生了什么事吗？"失剌茫然地问。

"我那个最重要的猎物不见了，看来一定是有人帮助了他，否则他不会有这么大的能耐！"

"哦！是那个被看守的孩子吗？"失剌看到塔儿忽台怒气冲冲的样子，知道大事不好，连忙劝着塔儿忽台，"他只不过是个十岁的小孩子，即使跑了也走不远的，我们多派些人去追就是了。"这时众人一路搜查，走到锁儿罕失剌家来，他们看到仓库的门半掩着。

"会不会躲在仓库里？"塔儿忽台生气地说，眼睛里的怒火像要燃烧起来似的。

躲在父亲背后的齐拉忽然窃笑了起来。

"笑什么？小鬼！"塔儿忽台怒斥着说。

"当然可笑啦！像这样又热又闷的天气，就是一只猫也不会躲在里面啊！"

塔儿忽台轻轻地点点头，摸摸齐拉的头问道："小鬼，你刚才到哪儿去啦？"

"我在山坡上玩啊！"

"你别说谎。你要是对我说实话，我会好好奖赏你的。"

"我没有撒谎啊！"

"你有没有看到有人逃跑？"

"我没有看到。不过当我和哥哥在山坡上玩的时候，听到'扑通'一声，好像有什么东西掉水里了，我一直以为是什么动物掉了进去。"看来铁木真这个小鬼一定是躲到水池去了。塔儿忽台这么想。他马上把人们分成两路，分头到水池去找。

灌木丛中，许许多多的火炬把池塘照得一片通明。齐拉非常害怕，如果这些人什么也找不到，他们一定会回过头来搜索仓库，那时恐怕就不好应付了。他们两兄弟心里很清楚，自己的父亲失剌，表面上虽然臣服塔儿忽台，内心里却非常憎恨他。

"父亲！"齐拉决定把这件事告诉父亲，"我的朋友就藏在仓库里，如果父亲不救他，我和哥哥只好一起逃亡了。"

"好，我会保守秘密的，你们两个先到水池旁边佯装寻找吧。"失剌也是一个义薄云天的汉子，他对儿子们从小就表现得这么勇敢而讲义气感到非常欣慰，他愿意为成全儿子的心意冒一次险，说着自己就进了仓库。

这时的铁木真正躲在仓库的一个角落里，头上盖着羊皮，全身汗如雨下。

"我是锁儿罕失剌，是晋贝和齐拉的父亲，你放心吧！我曾经受过你父亲也速该的照顾。"随后就把他从仓库中带出来，让他藏在森林中草木深处。

"我想你一定会逢凶化吉的，你不必担心！这些人在水池那边找不到你，他们一定还会过来的。当他们再回来时，你就躲进池里，我会再去救你的。"这时失剌已经没有时间帮铁木真除掉脖子上的枷锁，只好催促他快走。

塔儿忽台一伙人回来了，嘴里不停地咒骂着。"失剌！我怀疑你把那小子藏在仓库里。"塔儿忽台大声地说。

"你真是多疑！你如果坚持的话，可以去搜一下我的家，我劝你还是不用担心啦，他又不是狮子老虎，在这么短的时间里，能跑到哪里去呢？天色又这么暗，你能找到什么呢？就是找一只狗也不容易啊！"失剌说道。

失剌从心里看不起塔儿忽台。过去也速该曾经对塔儿忽台那么多恩惠，他却在也速该死后恩将仇报，将也速该的孩子逼上死路，实在是太残酷无情了；另一方面，失剌也希望成全儿子们的心愿，让孩子们认为爸爸是个英雄。

塔儿忽台是无法忍受这种事的，他非找到铁木真不可，哪怕是把池水吸干，把草原上的草拔光！他再次命令手下彻底搜寻，整夜火光通明，众人忙得团团转，他们沿着鄂嫩河一路搜索下去。

这时失剌偷偷地溜回水池边，铁木真正藏在水池旁边的芦苇中，失剌低声地对他说："现在是最好的机会，那批人正沿着河寻找，你就赶紧逃吧！马能跑多快，你就跑多远。"失剌帮他除掉脖子上的枷锁，并送了他一匹马和许多食物。

"你还要答应我一件事，如果你不幸被抓，绝不能说出是我救你的。你的母亲目前仍很平安，我相信你们母子会见面的。"

"谢谢伯父救命之恩，请代我向晋贝和齐拉致谢！"铁木真跨上马背飞驰而去,铁木真知道母亲和弟妹们仍然平安,变得勇气百倍,精神抖擞。

这位成吉思汗的救命恩人锁儿罕失剌,在成吉思汗成为可汗之后,受封为免税的千户侯,并享有色愣格河流域的一大片封地。他的儿子也立下不少战功,女儿做了铁木真的妃子。

在受人通缉捕拿的流亡生活中,铁木真学会了如何躲避、潜伏,突破追捕的防线,他的机智、聪慧也随着年岁不断地增长。在这段亡命的岁月中,他却不向他的岳父求援,他曾说过:"白手相见,犹如乞食。"

少年时的安答

铁木真迫不及待地想见到母亲和弟妹们,他于是策马疾行。马啊,请原谅我!我真是归心似箭,不得不拼命地驱赶你。如果有来世,我愿意做马让你骑!快啊!像旋风一样地奔跑吧!天色渐明,远处传来潺潺的流水声,铁木真从马上极目远眺,河边出现了黑色的人影,正向着这边走来。会是谁呢?是塔儿忽台的手下吗?

铁木真从马上飞跃而下,不管这个人是谁,我只好和他短兵相接了。虽然只有十岁,但是我一定要表现得像父亲一样勇敢。他镇静地站着,屹立不动。两人距离只有一丈多远了,对方停下了脚步，他认清那人并不是塔儿忽台的手下，而是比铁木真大不了多少的少年。

"你是谁？你为什么要挡住我的去路呢？"铁木真质问这个少年。

"你不认识我吗？我叫扎木合，你没听过吗？"

"哦！原来你就是扎木合，我父亲常常提起你的名字，我就是也速该的儿子铁木真。"

"很高兴认识你，你怎么会在这个地方出现呢？"

"我被塔儿忽台俘虏了，刚刚逃出来，我一直忍受着屈辱才活到现在。"

"铁木真！让我们好好地干一场吧！"

"好的，我非常愿意！"

"如果塔儿忽台的人来了，我一定和我的族人把他们击退。父亲临死前对我说，大草原上唯一可以依靠的只有蒙古部的也速该。"

"扎木合，我们今天能见面，真是天意！将来无论遇到什么困难，都让我们好好团结在一起吧！"

"扎木合！"

"铁木真！"这两个少年紧紧地拥抱在一起。

扎木合11岁就当上了札答阑族的领袖。有一天晚上，他做了一个十分奇怪的梦，梦中他正在黑暗而又静寂的沙漠上散步，忽然一道强光由天而降，令他睁不开眼。梦醒后，那道猛烈的强光一直深深地印在扎木合的脑海中，让他难以成眠，他骑着马踏着夜色走在寂静的沙漠上，想不到就遇到铁木真。

扎木合从铁木真的眼神中看到了那道强光。他们二人坐在山坡上，谈论着许多事情。

"我现在实在太高兴了！扎木合，我们这辈子一定不要分开好吗？"

"当然好啦，天地亘古不变，但是人生百年，顺逆难料，我们今天想雄霸天下，可是到头来，终难免一死！"

"我早就不把生死当作一回事，为了达成母亲的期望，我一定要成为沙漠之王。"铁木真的话，使扎木合听了热血沸腾，他的眼神突然亮了起来。

"铁木真啊，我们真的很投缘！只要你需要我，我一定会尽力帮助你的，不论是什么时间、什么地方。"两人深深地凝望着，在晨曦中，彼此紧紧地握住对方的手。

扎木合把铁木真带回自己的部落，并按照接待蒙古族族长的礼节接待他。铁木真在这儿过了几天后，对自己的未来又充满了信心。铁木真很想早点回到母亲那儿去，可是泰赤兀族一直守在鄂嫩河的上游。如果走山路，也是十分危险，很可能被塔儿忽台的手下捉到。

"我看你还是在这里多住几天，等待着时机来临吧。"尽管扎木合一再挽留，但是铁木真归心似箭，一心牵挂着母亲和弟弟妹妹。即使他们活着，一定也是东躲西藏，没办法安心过日子。每当想到这一点，他的心似乎要炸裂开来。

一天晚上，他再也按捺不住，决心要去寻找他的母亲，他对扎木合说："我打算回去了，一路上我会小心的。"

扎木合听了，忧心忡忡地说："你不用亲自去，我会派手下去寻找你的母亲。你要是再一次落入塔儿忽台的手里，那就糟了！"

"谢谢你的好意，但是我一定得回去，我相信我会平安地找到我的家人的。"铁木真坚决地说。无论扎木合怎么劝，无奈他去意已决，不为所动。扎木合一阵沉默，心想无论如何也留不住他了。

"你如果一定要走，我也不勉强你留下来了，万一你在途中遇到了敌人，就赶紧回来，在我这里避一避。你绝不能和敌人硬拼，一个人的力量毕竟有限啊！"

扎木合要派一个人护送他一道回去，可是铁木真说什么也不肯。扎木合把自己最珍爱的坐骑送给铁木真，和他依依不舍地告别了。足足有四天四夜，铁木真快马加鞭，披星戴月地赶路，无时无刻不在思念着母亲和弟妹们。

铁木真沿着鄂嫩河朝着自己家的山坡方向奔跑时，忽然有一只苍鹰飞出来，显然，山坡后面有人。铁木真警觉地跳下马来，小心地观察动静，他匍匐在地上，拉满了弓。

这时山坡上远远地出现了一个人影，正骑着马走来，铁木真拉满弓，射出一箭，这一箭正好射中马的腰，马惊得跳了起来，把那个人摔了好几丈远。铁木真屏息观察了一阵，那个人一动也不动地躺在地上，他这才提着刀走上前去探望。

那个人躺在地上，似乎昏过去了。铁木真贴近去看个仔细。突然间他忍不住惊叫了起来："母亲！"

他捧起母亲的脸，擦去她脸上的沙砾。他的泪落在母亲的脸上。他把母亲扛到水池边，用水洗净了她的脸，并为她按摩。

"母亲！醒醒吧！您的孩子回来了啊！"诃额仑夫人听到了他的呼唤，渐渐地恢复了微微的鼻息，缓缓地苏醒过来了。

铁木真的婚礼

"啊！铁木真！"诃额仑夫人睁开了眼睛，兴奋地叫了出来，她的脸上也恢复了红润。

"感谢神！你总算平安地回来了！"母亲宽慰地说。自从铁木真离开后，他们全家逃到鄂嫩河旁的山林中，即使是死也要死在也速该的墓旁。他们在那儿搭了房子，后面有很茂密的森林，位置十分隐蔽，藏身并不是难事。但是食物的来源却是一个问题，只有老鼠和草根可吃。因此，诃额仑有时趁着没人的时候，到森林去捕捉野鸟。今天就是出去放鹰准备捕杀小鸟，差一点被铁木真误杀。

铁木真终于和家人团聚了，他的心情开朗起来。弟弟妹妹们快乐地围着他，拉着他的手，喜极而泣。

"你们今晚要在肯特山神之前起誓，兄弟们要同心同德，紧紧地团结在一起，才能产生力量。"诃额仑夫人说。

"母亲，您放心吧！现在我们就在母亲面前起誓，再过四年，我就 14 岁了，到时候就能替爸爸报仇，把泰赤兀族的人全都消灭掉！"诃额仑夫人听了这话，深感欣慰，所有的辛劳都有了代价。

塞北的天气寒冷，人们的生活艰难，可是每当有宴会的时候，他们就变身成为一群狂欢爱说笑、诙谐而幽默的人，长期忍受着困苦、战争的生活，也需要享受一下短暂的轻松时刻。

铁木真带着数百位青年，去孛儿帖的父亲薛德禅那儿迎娶新娘。弘吉剌族以产美女闻名，成吉思汗以后的元朝几位皇帝，他们的皇后大多出自弘吉剌族。与某个部族保持着一种密切的婚姻关系，在人类学上称为双婚制或族外婚。铁木真的妹妹铁木伦后来也嫁给弘吉剌族的不秃为妻。

成吉思汗穿着铠甲，背着水囊，挂着长矛，风尘仆仆地赶过去，抵达时浑身已经肮脏不堪了。薛德禅看到成吉思汗等一行人到达，非常高兴。

"我听说自你父亲死后，你曾多次遇到凶险，波折重重，真高兴你能勇敢地活下来！"于是命人杀牛宰羊，磨刀霍霍，大开筵席，并殷慰劝酒，弹琴助兴。

宴会一直举行了三天，孛儿帖盛装而出，她拖着长长的袍毡，发辫上垂着银币，以及用桦木做成的圆锥形皮圈。宴会后，她跨上马鞍，成为铁木真的新婚妻子。她的马身披有蓝色的佩带，此后她将成为一个小妇人。她的工作是照顾帐幕、挤奶、豢养牲畜，以及制作男人的衣袍鞋袜。她后来成了历史上的光献圣翼皇后。她的三个儿子——术赤、察合台、窝阔台，统治着比罗马帝国更大的版图。

可是在她婚后不久，在一次蔑儿乞人的突袭中却被掳去。因为当年铁木真的母亲诃额仑夫人，曾经被也速该从蔑儿乞部族抢走，他们一直没有忘记这段仇恨。铁木真在慌乱中骑在马上，发箭开路，孛儿帖却没有马骑，终于被敌人捉到了。蔑儿乞人兴奋异常，当年诃额仑夫人被也速该抢走，现在是以牙还牙。

后来铁木真借着王罕的力量，终于打败了蔑儿乞族。在杂乱的帐幕间，铁木真焦急地寻找他失散的妻子。挺着肚子的孛儿帖听到丈夫的声音，跑了出来。铁木真看了，高兴地说："我总算找到你了！"孛儿帖在回家途中生下了长子术赤。

马匹被劫

虽然全家重逢了，但塔儿忽台的威胁仍然存在。诃额仑夫人带着孩子们，避到更深的山中。光阴似箭，日月如梭，铁木真已经 17 岁了。诃额仑夫人由于长年的辛劳，衰老得很快，但她要培植孩子的愿望，一刻也不曾忘记。晚饭的时候，诃额仑夫人总是告诉孩子们有关祖先过去的英雄事迹，希望孩子们能够效法列祖列宗。

铁木真一家从家乡仓皇出逃时，身无长物，到了现在，总算有了九匹马。这天早上，却发生了一件大事。早晨弟兄们照例出去狩猎，山贼却悄悄地溜来，偷走了八匹马。傍晚，兄弟们扛着猎物回家，他们在地上发现了陌生的脚印，以及马蹄杂沓和车轮零乱的痕迹。

"我一定要去追那些山贼。"弟弟合撒儿愤怒地说。铁木真一把抓住弟弟，劝他先不要鲁莽，他仔细查看这些痕迹，一直往西去。

"我们先回家看看吧！"铁木真说。诃额仑夫人在家中被捆绑了起来，已经昏厥了过去。铁木真轻轻地喊着母亲，诃额仑这才悠悠醒转，她显得十分痛苦，详细告诉儿子们在他们早上出去打猎后，山贼洗劫他们的经过。

"铁木伦呢？铁木伦呢？"诃额仑夫人想起年幼的女儿，忽然惊慌地大叫了起来。儿子们前前后后找遍了，都不见铁木伦的影子。

"哥哥！我们快去追吧！"合撒儿愤怒地说，"他们一时还不会走得太远，天亮以前或许可以追得到。"

"等一下，合撒儿！"铁木真叫住了急躁冲动的合撒儿，他平静对他说，"你和合赤温、帖木格留在家里照看母亲，这十几个山贼我一个人足够应付得了。"

"铁木真，我和你一起去！"异母弟别勒古台插嘴道。

"可是现在只有一匹马！"铁木真坚持说。正争论的时候，铁木伦从草原的洞中爬了出来，她满脸都是土。这个洞是为了以防万一而挖掘的。

"啊！铁木伦！原来你藏起来了，这下妈妈终于放心啦！"铁木真放下了一颗心，他霍然站了起来，准备了马乳以及弓箭和几天的粮食。

"别勒古台！我一定要狠狠地教训那些山贼，请你好好在这里照顾母亲和弟妹们。"他坐在马上说。满天星斗，大漠无垠，铁木真策马西行，踏着山贼的痕迹西进。

大约走了七八里路，车轮的痕迹都被风沙掩埋了。铁木真借着星光，踏着草原西行。

走了三天三夜，来到一片沙漠之地，放眼四望，哪里有山贼的影子呢？可是铁木真一点也不气馁，他绝不轻易放过这些山贼，他一定要夺回他们家唯一的财产，让母亲安心才行。第四天的早上，他睡在一个矮山上，忽然听到不远处有人引吭高歌，他揉着惺忪的睡眼，这会是谁呢？铁木真感到奇怪，站起身来一探究竟。

只见山坡下有一个和他年纪相仿的少年，身旁有四匹马，正愉快地挤着马乳。铁木真举起手，对着青年打招呼。

"昨天你有没有看到一队旅人，带着好几匹马？"铁木真向少年打听着。

少年停下了手头的工作，凝视着铁木真的脸。

"那些马是什么颜色？"他问道。

"八匹马都是褐黄色的。"

"啊！我知道了！"少年兴奋地说，"那队人马刚从这里经过，你现在赶去，中午以前就能追到他们了。"

"谢谢你！"

铁木真正要离去，少年忽然阻止了他。"你等一下！我刚才也觉得这批人有些不对劲，究竟发生了什么事？"

"他们偷走我家的八马匹，这几乎是我家全部的财产，所以我一路追到这儿。"少年顿了一会儿，像有什么话要说，迟疑了一会问道："容我冒昧地问一句，你是也速该的儿子铁木真吗？"

"是的，你怎么会认识我呢？"

"我看你的眼神就知道了，你曾被塔儿忽台追捕了好几年，这些事我都听说过。我也知道许多有关你父亲的英勇事迹，我很希望和你做个好朋友，你愿意吗？"

"好的，可是你是谁呢？"

"我叫博尔术，我的父亲是族长。我看你的马又累又饿了，如果你不嫌弃，就骑我的马吧！"博尔术说着就牵来一匹背上有黑斑点的白马。

"你骑的这匹马能跑得很快，我跟你一同去。"博尔术来不及照顾草原上的马，快马加鞭地和铁木真一道去了。两人一直往西追，一直追到太阳快要落山了。

"下面的路我自己可以走，你快点回家吧。"铁木真十分感激博尔术热心帮助，但是不愿意让他的父母担心受怕，因此一再催促他回去。

　　博尔术却怎么劝也不听，他说："我是你的朋友，我一定要帮你这个忙！"博尔术语气诚挚，铁木真感动地紧紧握住他的手不放。想不到每次遇到困难，总有朋友伸出援手。

　　"博尔术，在我有生之年，我是不会忘记你的，我的弟兄们也一定会深深地喜爱你的。"铁木真又对博尔术叙说晋贝、齐拉、扎木合的故事。晋贝和齐拉在七年前救了自己。

　　"你有这么多好朋友，怎么不早点告诉我呢？"博尔术笑着说。两天又过去了，在第三天的傍晚，他们看到有一队旅人在森林附近的湖边搭了帐幕，这时博尔术拍拍铁木真的肩膀说："那不是你的马吗？他们就是偷马贼。"

　　"在什么地方？"铁木真循着博尔术手指的方向，看到了湖水左岸，他的八匹马正在那儿低头吃草。

　　"我这就去把马牵来，你暂且在这里等我。"可是博尔术却一把抓住了他。

　　"你忘了我们的约定吗？我们是好朋友，一定要同生共死。"博尔术说。

　　"那么我去夺马，你就在这儿掩护我，如果那边有人追来，你就用箭把他们射死。"

"好的，我们就这么做！"博尔术点点头说。

铁木真悄悄走过去把八匹马往回赶，但是马蹄声惊动了山贼们，为首的一个人骑在一匹黑马上，吩咐手下的人提着大刀，追杀铁木真。博尔术早已拉满了弓，他瞄着山贼射去，箭无虚发，山贼们一一应声而倒。骑在黑马上的首领，不把年轻的铁木真看在眼里，他和铁木真刚一交手，就被铁木真打下马来。

"大胆的山贼，竟敢偷我家的马！"

这时山贼感到心惊，这个人年纪轻轻怎么会有这么强的气势！结果是山贼落荒而逃，很快地消失在傍晚的夜色中。追回了马匹，又击败了敌人，两个朋友分享着胜利的快乐，铁木真的心中更是有着说不出的喜悦。

"万岁！我们这次是空前的胜利！"博尔术扬起手中的弓，手舞足蹈地说。

"博尔术，多亏你！我真不知道如何谢你才好！"

"别说这些了！现在你愿意跟我回家吗？我父亲知道我有你这位朋友，一定会很高兴的。"

两个青年一路上兴奋地交谈着，在夕阳西下的沙漠上，投下了长长的身影，远处有营火点点，或许正有旅人在那儿夜宿吧！

结识博尔术

在沙漠中度过了两天，第三天的下午，二人到达了博尔术的部族。博尔术的父亲伯颜正为爱子的下落不明焦急得寝食难安。等看到博尔术神采飞扬地走了进来，他高兴得老泪纵横。

"我以为你不要这个家了，怎么突然就离开了呢？"伯颜问。

"我遇到了铁木真，他正要去抓盗马贼，我也跟着一块去了。"博尔术答道。伯颜听着儿子详细的叙述，他逐渐了解了这两个年轻人之间深厚的友谊。

他打量着铁木真，不胖也不瘦的身材，性情看似温驯，但那两道目光却十分锐利，好像能摄人心魄似的。他握紧了铁木真的手，诚恳地说："原来你就是也速该的孩子，我希望你们的友谊永久不变。只要是我的能力所及，我都愿意尽力帮助你。你如果想振兴蒙古族，一定要借助王罕的力量，他也曾经受到你父亲也速该的帮助。"

铁木真衷心感谢伯颜父子，他坚持当晚就要回去，因为家人一定在为他担心。

　　他紧紧握着伯颜父子的手说："相信我们不久就会再见面的，这次如果不是博尔术的帮助，绝不会这么顺利，我真不知道如何表达我内心的感激，如果您不嫌弃的话，就请挑几匹好马，算是我的谢礼吧。"

　　博尔术听了这话，忽然变了脸色，他生气地说："铁木真，你这是什么话？你这么说，我们的友情就会变质的，我并不是为了获得报酬才和你一道去追山贼的啊！"

　　"好了，请别生气。博尔术！我只是想表达一点心意罢了。"

　　"听你这么一说，我才安心。"这时两人再度紧紧地握手。伯颜杀了一只羊，又准备了马乳，作为铁木真回程中的食物。

青年征战

黑色的貂皮

　　克烈的族长王罕，早已和欧洲文化有了接触，克烈信奉基督教，王罕年轻时就继承了族长的位置。他的族人间却互相倾轧，他的叔父也不时在觊觎族长的地位，最后王罕和叔叔古鲁干的冲突白热化，不得不以武力解决，结果王罕大败，逃了出来，一时苦无立锥之地。

　　当时，蒙古族的也速该势力十分强盛，因此他就向也速该求援，击败了叔父，总算恢复了失去的权位。铁木真从博尔术的父亲伯颜口中，知道这段往事，因此希望能早一天和王罕见面。但是鄂嫩河上游一带，对蒙古族来说是无法进入的。泰赤兀族仍在那儿密切注视着，要追捕铁木真。

　　秋天来了，天气十分晴朗。一天，铁木真和弟弟一起去猎雁。可是走了好久，不但没看到野雁的踪影，连野鼠也没看到。铁木真有点沮丧，他索性到山阴处躺着，望着天上的浮云出神。这时耳畔忽然响起了一个声音："雁飞了啊！"

　　铁木真顺着别勒古台的手，发现有一行雁飞到肯特山后。

　　"它们究竟会飞到哪儿去呢？"铁木真喃喃地说。别勒古台不解地别过脸去望着铁木真。

"我一定要去。"铁木真霍然站起，坚定地说。

"你要去什么地方？"别勒古台迷惑地问。

"我要去见王罕，我再也忍耐不下去了，复仇的机会近了！"铁木真说着，眼睛像火一样地燃烧着。整个心像要迸开似的，"别勒古台，我今晚就要走。"

"我们不妨和大家商量一下，"别勒古台劝住激动的铁木真，"万一这次再落入泰赤兀人的手中，你就休想活着回来了！"

"不！我一定会回来的。"

"好吧！既然你已经决定了，我也不拦阻你了，但是你一定要答应我和你一起，否则现在就把我杀了吧。"

铁木真沉吟了一阵，点点头说："好吧，我们一起去，家中的事就托博尔术照顾。"

铁木真和别勒古台把粮食放在马上，在第二天的傍晚时分出发了。

"你们不要勉强，苗头不对就赶快折回来。泰赤兀的人一眼就会认出你来的。"伯颜反复地叮咛着。

走了没有多久，已经是暮色苍茫了，在寂寞的沙漠里，繁星满天，璀璨生辉。两人停下马，坐在沙地上，喝着马乳，一边讨论着复兴蒙古部的希望。别勒古台忽然站了起来，指着左边山后，那儿似乎映着火光，他说："那边一定有人，不知道是不是泰赤兀族的人？"

"我们过去一探究竟吧！"铁木真说。

"如果是泰赤兀人呢？"

"到时候，随机应变好了，如果不是泰赤兀人，我们可以打听到一些情报。"铁木真说。

这里的地势是两山中的高原，露营的人为了防范狼的攻击，彻夜都得燃着篝火。

"我们好像是要去夜袭了！"别勒古台说。

"战术之一是'先发制人，后发则受制于人'，当然是先下手为强了。"铁木真说。

两个人留下了两个随从和马匹，翻过山背，看到营火在燃烧着，他俩轻身地移近帐幕附近，踩着落叶发出窸窸窣窣的声音。

"是谁在外面鬼鬼祟祟的？"这时一个白胡子老人从篝火后面走了出来，"你们这两个年轻人是谁呀？你们是山贼吗？"

这时别勒古台从后面伸出头来说："这么说你不是泰赤兀人吗？我们不是山贼。"

"我是也速该的儿子铁木真，我想在此借宿一晚。"

"什么？你是铁木真？"老人凝视着他的脸。良久，他才说："一点都没错，我一看你的眼睛，我就该知道，实在是像极了也速该！你能活下来真不容易！"铁木真想不到会遇上父亲的朋友，十分高兴，禁不住说道："蒙古族现在已经四处星散，目前只剩下一百人左右，我一定要复兴蒙古族，才不使我父亲的英名蒙羞。"

"我相信你一定能做到，今晚你打算去哪儿呢？"

"我正打算到王罕那儿去求援。"

"你这么做很对，我想他一定会帮助你的。王罕现在已经到离这不远的托拉河附近。我现在送你一样礼物，你可以早点和王罕见面。"

老人进入帐幕后，拿出一件黑色的貂皮。他眼中噙着泪，对铁木真说："你一定要好好干下去，我活在世上时间已经不多了！但我希望你闯出一番事业来。一定要记住，凡事不能操之过急，欲速则不达。还有你要先找一个牧草肥美之处作为根据地，你尽量不要暴露自己，否则四周的敌人攻击你太容易了！"

"谢谢老伯！您的这番话我一生一世都不会忘记！"铁木真满怀感激地说道。

一夜又尽，旭日东升。铁木真和别勒古台辞别了老人，继续踏上了旅程。

王罕听到铁木真来拜见，十分兴奋！

"你就是也速该的儿子吗？"王罕多皱的脸上浮现着微笑，"我和也速该义结金兰，情同手足，不管你有什么事找我，我都会成全你的。"

"这个黑貂皮是我带来的一点小礼物，请您收下吧。"王罕收下了这个贵重的礼物，非常高兴。

"也速该死了以后，你们孤儿寡母的备尝艰辛，现在看到你长得这么健壮，真是令人欣慰。你有什么请求，尽管对我说，我愿意尽我的全力，重新聚拢你父亲的旧部。"

"有您这句话，我真是感激不尽！"铁木真和别勒古台告别了王罕，径自回去了。铁木真没有想到，王罕这么轻易地就答应了他一切的要求。

"你认为怎么样？"铁木真说。

"我看王罕也没有什么特别之处。"别勒古台和铁木真也有相同的看法。

"你看到他接过黑貂皮时的那种眼神吗？"

"是呀，一旦我们真有事找他的时候，恐怕得带两张黑貂皮才行哩！"两人虽说着玩笑话，但铁木真感到靠别人不是办法，最重要的是要壮大自己的实力。

铁木真回家后和家人及博尔术商量，决定把他的大本营移到一个安全而且水草肥美的地方。从此以后，铁木真的声誉日隆，使得各族的人对他另眼相看，慕名投靠的人也越来越多。

突遭偷袭

冰天雪地的冬天很快过去了，花红草绿的春天来临。铁木真手下有着许多热血青年，一直盼望着出征的机会。有一天，铁木真带着他的手下，到肯特山上大规模狩猎，只留下了老弱妇孺。

这天晚上，半夜里听到有人在铁木真的帐幕外喊他。

"这么晚了会是谁呢？"铁木真十分疑惑。打开一看，原来是服侍母亲的老妇人虚弱地倒在地上，脸色非常惨白。

"究竟发生了什么事了？"铁木真吃惊地问。

"你注意听听看。"铁木真侧耳倾听，果然是一片马蹄声，越来越近，他知道危险来了，急忙武装起来。

博尔术拉着马跑了进来："谁来袭击我们？"

"现在还不知道，你先和别勒古台回去保护女人和孩子，一切拜托了！"铁木真确信一定是泰赤兀族攻来了。累积了十多年的仇恨一时涌上心头。现在已经没有时间犹豫了，他一个箭步跨上马背，向肯特山的方向飞驰而去。这时远方有一队骑兵奔驰而来，扬起一片尘土。

"怪了！如果是泰赤兀人，绝不可能从这方向来的。"铁木真喃喃自语。

博尔术正把女人和孩子叫起来，做应变的准备，这时铁木真跨了进来说："看来似乎不是敌人。"正说着，对方的箭已经射了过来。铁木真仍然满头雾水，这些人究竟是哪一族的？他忽然想到送黑貂给他的老人，曾警告他说，在肯特山后的蔑儿乞人一直打算把他除去而后快，他竟然忘记了这项警告。顿时，他恢复了镇定。

"所有的人快准备撤离！"铁木真下令说。在人群中，他找不到母亲的影子，服侍他母亲的老妇人，中了敌人的箭，倒在铁木真的脚下，铁木真把她绑在自己的马背上，率领着众人，直奔不儿罕合勒敦山。许多女人和孩子来不及走的，都偷偷地藏了起来。

不儿罕合勒敦山的山路，净是泥沼，寸步难行。下面又是密林，穿越前进十分困难。追兵到了这儿也没有再追下去。很多妇女和老人陷在沼泽地呼叫着，乱成一团。博尔术带着诃额仑夫人和铁木真的弟妹们到达不儿罕合勒敦山的山顶，沿途极辛劳。好不容易东方的天色才露出了微明，这时铁木真忽然失踪了。诃额仑夫人认定铁木真一定是被敌人抓走了，不论博尔术怎样好言相劝，她还是执拗地这么想，静静地坐着一言不发。

天亮后，空气十分清冷，从山顶望去，远远的河边冒着浓烟。"啊！敌人把我们的村子烧光了！"众人望着这情景，伤心地掉下泪来。诃额仑夫人咬紧牙关，一动也不动，他一心挂念着铁木真，不知道他此刻是生是死。他这短短的20年实在是经历了太多的苦难，忍受了太多的折磨，如今总算成年了，又有那么多敌人不肯放过他，非得把他逼死不可！

只有博尔术对铁木真有信心，他相信铁木真一定能冲破一切难关，从他的双眼中，可以看出他具有异于常人的禀赋。这时听到一个声音，博尔术连忙拔刀站了起来。进来的人不是别人，正是铁木真。

"啊！铁木真！你母亲急死了！"博尔术快步走向前走去。

"我一切都好,您放心吧!"铁木真也赶快奔进来探望母亲。

诃额仑把健壮的铁木真抱得紧紧的。"我真不敢相信你还能平安归来!万一你死了,我孤零零地活着还有什么意义?"诃额仑夫人算是放下了心中的一块石头。

这时,博尔术拍拍铁木真的肩膀,说道:"我想这是我们开始作战的时候了。"

"我真高兴听到你这句话,以后要多多倚仗你了!"铁木真笑着说,两人的双手紧紧地握在一起。

"现在要庆祝我们一切的开始,这儿有马乳酒吗?"这时一个老人拿来一个皮袋,铁木真松开了绳子,把马乳酒洒在大地上,向着东方祈祷了很久很久。

博尔术出去了三天,杳无音讯,他也没有带粮食和水。蒙古族的人挨着饥饿,到深山中采野草、挖百合根。这样过了四天,铁木真忽然看到山路上出现了一队人马,浩浩荡荡的队伍,一路蜿蜒着,为首的挂着白色的军旗。

"别勒古台回来啦!博尔术也一起来了!"铁木真叫道。

"我们跟敌人有过接触,可惜还是败下阵来,敌人伤了我的左腕,我看我们也去攻他们的大本营吧。"只见博尔术手上缠着布,全副武装。

"不!"铁木真果断地说,"现在还不是时候,除非我们想出一个万全之策。"

"我再也按捺不住,即使敌人把我的心打得像蜂巢一样,也在所不惜！"

"博尔术！请你冷静一下，我先去找扎木合，现在我们力量不够，但是可以智取。我并不想逞一时之快，让你们听起来开心，我说话喜欢痛快，我要用事实来证明。"第二天，铁木真把一切事情交付给别勒古台和博尔术，他一个人穿着平常的服装，骑着马走了。

两天两夜，铁木真挨着饿，总算去到扎木合那里。

扎木合惊讶地望着铁木真，"你今天看来怎么这么憔悴啊？好像是从地狱里爬出来似的。"铁木真两颊瘦削，眼窝

成吉思汗的头部雕像

深陷，但是他的眼睛仍然炯炯有神。

"说起来惭愧，我作战失利，这次来你这里，正是想借助你的力量。"

"哦，只要你有需要，请尽管说，我一定会全力帮助你的。"

"谢谢你！我现在还不如一只野鼠！"铁木真感慨地叹息着。他把他的遭遇详详细细地向好友倾诉。

"我并不沮丧，但有件事想和你商量。"

"什么事？"

"我希望你能陪我去王罕那里，我希望他能派出援军。"

"这是个好主意，我们现在就去吧。"

两人商量着，如果能向王罕借到两万人马，再加上铁木真和扎木合的兵力，歼灭敌人就不再是梦想了。两人从不儿罕合勒敦山出发，沿途有扎木合的 200 名士兵保护着。

途中扎木合自信地说："一切包在我身上，王罕是一个很痛快的人，但是有一点你必须注意，千万不能告诉他你曾经被击败正等着他的支援。你要告诉他你的基础已稳，只希望他能助一臂之力，复兴蒙古部。你这么说才能打动他的心，否则他是不会那么轻易答应的。"

"可是——"铁木真有些为难，"上一次王罕对我说他会帮助我召集散落的部属，我尊他为义父，我想他不会骗我的！"

"不，王罕的为人我很清楚，那个时候你是否送了礼物给他？"

"是啊，我送了他一件黑貂皮。"

"是啦！那是他高兴时说的。总之，你按照我的话去做，准没错。"

当他们到了王罕的领地时，铁木真和扎木合只带了五六个随从去见王罕。王罕见他们两人一同而来，有些吃惊，他先唤扎木合入内谈话。

"大王，现在伟大的时刻终于到来，我和铁木真要成为大王的两翼，重振大蒙古。现在有些部族准备先下手为强，他们这些阴谋，也许大王还不知道吧！"

"哦，真有此事？你说的都是真的吗？"

"是的，蔑儿乞族早就有些不安分了，只要大王能借我两万人马，我们就能把它消灭掉。"扎木合还说蔑儿乞族已与铁木真交锋数次，铁木真已把他们逐出肯特山，如果王罕能拨兵两万，助以一臂之力，定能把蔑儿乞族一举歼灭。

"现在就是最好的时机，希望大王好好考虑考虑。"扎木合滔滔不绝地说得头头是道，王罕听了大为高兴。

他把铁木真也叫了进来。"啊！我的孩子！"他的声音中充满了感情，"上次你送我黑貂皮时，我就答应会帮你把背叛的蒙古部族聚集起来，我现在就全力帮助你，我准备拨三万士兵给你们，让你们把蔑儿乞人一举歼灭。"

当晚王罕的部队朝着肯特山出发。铁木真快马加鞭来到不儿罕合勒敦山，集合了全军宣布："蒙古族能否振兴，成败就在此一举。你们一定要全力以赴，只许成功，不许失败!"蒙古军营发出一片如雷的吼声,开始朝着山下出发。

铁木真盼望的这天已经盼望了很久了。这一仗不止是为了报仇,也是振兴蒙古的第一步。铁木真命博尔术、别勒古台率领左右翼专门对付敌人的伏兵。自己则率领着主力军,朝鄂嫩河而去,他等待王罕弟弟率领的援军,等了六天之久,比原来约定的日子,整整晚了三天。

扎木合头戴银盔,全身铁甲,腰间佩着大刀,骑在一头高大的黑马上,正站在高原上眺望。

"啊!扎木合!对不起我来迟了!"铁木真抱歉地说。

"铁木真,你难道忘了?不管遇到什么情况,我们都得守信用。"扎木合一反常态,十分不悦地说。

"我绝对没有忘记。"铁木真说。

"那么今天是我们约定的时间吗?"扎木合反问他。

铁木真忽然变了口气,不愿意说明原因。"你尽管处罚我吧,直到你满意为止!"

不管理由多么充足,不能遵守作战约定就是理亏。扎木合看到铁木真自责的态度,不由得软化了下去。

"我等了三天,差一点就准备回去了,你总算及时赶到了。"扎木合突然笑了起来,紧紧地握着铁木真的手说。铁木真深深地感到,扎木合的友情是多么深厚!十年前他们定下生死之交的誓言,至今仍清晰地在耳畔回响。

傍晚的时候,大家围着王罕商量作战的事情,敌人只有一水之隔了。他们决定当晚就渡河,预料博尔术与别勒古台的部队应该已经绕到敌人的背后了。扎木合不愧是蒙古第一位军师，不但他本人对此十分自负，别人也对他赞美有加。他正给周围人分析着此次战争的要领。

铁木真听了他的作战计划后，站起来说："我们就这么办，请你相信铁木真的能力，在这儿等着胜利的报告吧。"

"铁木真！你尽管放手去干。"王罕与扎木合举起马乳酒，为铁木真的出征祝福。

当时的蒙古草原，如果论势力，以王罕最为强大；如果论知人善任，能确实掌握部下，则以铁木真为首；至于智谋，则首推扎木合，故有第一军师的美誉。不过，扎木合也是一位精明能干的野心家，后来他眼看铁木真成为蒙古草原的统治者，虽然表面上依然保持友谊和热情，而内心里则充满着嫉妒，终至分手、相抗。下面将有详细叙述。

兵讨蔑儿乞部

铁木真命令士兵们绑住马嘴，大军静静地越过戈壁沙漠到达河边，看到对岸营火点点，铁木真数着敌方营帐的数目，命大军列队，马上下达渡河的命令。

"只要看到敌人，格杀勿论，只留下女人和孩子。"铁木真下令道。他没有戴头盔，只戴着毛皮头巾，他身先士卒，对敌人见一个杀一个，部下也都斗志激昂，一时铁木真部的战鼓大作，声如雷鸣，震撼山谷。这个鼓是用公牛皮做的，士兵们一片呐喊，杀入正在熟睡的蔑儿乞人的阵营，蔑儿乞人丝毫没有准备。

蒙古部军队在各处放火，一时火光熊熊，赤身裸体的蔑儿乞士兵仓皇奔逃，可是一个也没有活成，很快遍地都是蔑儿乞族的尸体。

"铁木真！"卡里米牵着马说，"我们这次是大大的成功了！"卡里米是也速该的旧部。

"卡里米！现在只是战争的序幕而已，这些只是敌人的前卫部队。"铁木真手举佩刀，指挥大军深入森林，那里有敌人的铁枪队。可是蒙古军来得太快了，他们一时还来不及准备，大将必鲁门闻讯潜逃，军队在群龙无首的情况下乱了阵脚，溃不成军，被蒙古部一举歼灭。

蔑儿乞人到处乱窜，四散奔逃。"不要伤了女人和孩子，违者论斩！"铁木真又大声地重复着命令。

这时树林后突然听到有人叫道："铁木真！铁木真！"这时他看到两三个士兵，正抓着一个俘虏，那俘虏穿着羊毛的衣服，可见他身份不低，铁木真仔细一看，发现他是一个盲眼老人。

"快把头抬起来！"在旁的士兵斥责他说。

"我抬不抬头不还是一样！"盲眼老人说道，"在我前面的是不是也速该的孩子？"铁木真看他言谈举止之间颇具威仪，心想，这人一定是蔑儿乞族的首领也克基。铁木真感到一阵伤感，他实在不忍杀了这盲眼的老人，但是他是父亲的仇人，又怎能轻易地饶了他？

老人把脸转向铁木真说："小鬼，你算是干出了一点成绩来！不过你也别高兴得太早，说不定你会和你父亲一样的下场呢！"

面对嘲笑，铁木真怒斥道："我不要从你这种人的口里听到父亲的名字。"他心中非常矛盾，一直下不了手杀他。这时老人突然敏捷地窜到铁木真的面前，亮出了锐利的刀子，朝着铁木真刺去，左右士兵立刻把他揪住，铁木真还没有来得及阻止，士兵们就把他杀了。铁木真无可奈何，命手下把老人的尸体埋在岩石之后。一场混乱之后，营火已经熄灭，沙漠里吹来一阵阵风，大地陷入一片黑暗。

蒙古士兵忙着编列俘虏，收集战利品，治疗负伤的战友。每个人都忘了疲倦，不停地工作。战士们欢笑着，分享着胜利的喜悦。

蔑儿乞族遗留下 200 匹马，加上其他的牲口，如羊、骆驼等，一共有 500 头之多；此外还有不少羊皮、马具以及马乳酒等战利品。仔细点验后铁木真派人通知王罕，此战已获大捷，还掳获不少战利品。这时，别勒古台和博尔术的军队看到草原上的火焰，也一直奔了过来，但此时战斗已经结束了。

别勒古台见到铁木真，兴奋地握着他的手说："我们大伙儿痛痛快快地喝马乳酒，庆祝这次的大胜利吧！"

"不！"铁木真制止说，"我已派人到王罕和扎木合那儿，现在正在等他们的消息。"

"什么？扎木合！"博尔术不以为然地说，"这次的胜利全是靠你的领导完成的，你用不着这么尊重扎木合啊。"

"不！这次的胜利完全是凭着扎木合的友情才能获得的！"

"这算什么友情？让你一个人在前面冲锋陷阵，他自己却躲在后面和王罕在一起。"

"博尔术，别这么激动！你听我说，我相信，在这次战斗中，如果没有扎木合，真不知会是什么局面！"铁木真婉言相劝。

这时别勒古台也说话了："博尔术，你该相信铁木真的话，我们必须信任他、支持他。"

博尔术点点头，然后和别勒古台一起去检视战利品。铁木真目送着他俩离去的背景，眼中已噙满了泪水。他终于踏出了第一步，同时更为真诚的友情感动，想到充满了希望的明天，他高兴得流下了泪来。

第二天王罕和扎木合的部队前来会师。扎木合自己也没有料到，这么轻易地就成功了。他听了铁木真夜袭的经过后，扬扬得意地向王罕报告。王罕看到铁木真在他未抵达之前，对战利品原封未动，心里十分满意。

他把铁木真叫到身边来，对他说："我的孩子啊！这次你的表现很好，真不愧是也速该的儿子，你表现的勇敢和忠诚，令我十分欣慰。"铁木真回到自己的营帐中，别勒古台带着一个蔑儿乞族的女人和孩子来，那孩子戴着黑貂皮的帽子，羊皮的衣服，年五岁左右。据女人说，这个孩子是已经逃跑的大将必鲁门的儿子，名字叫做库基。库基有一双清澈的眸子，气质不凡。

"就把这个孩子送给王罕做礼物如何？"别勒古台愉快地建议说。

铁木真默然不语。他自忖自己幼年的时候就与父亲永诀了，虽然过了这么多年，可是余痛犹存。铁木真把库基抱在怀中，慈祥地端详着他的脸，忽然愉快地说："这孩子的眼神很特别，我就把他认领了吧！我要好好培植这个孩子。但是一定要找到必鲁门，把他的尸体用来喂不儿罕合勒敦山的苍鹰。"

兄弟两人相互点点头，就一同去赴庆功宴，当场公平地分配着战利品。士兵们都很满足，愿意为铁木真舍命。这天傍晚，王罕把铁木真和扎木合叫到面前，对他们两人大大地褒奖了一番。王罕走后，扎木合对这次利用王罕奏效，感到十分得意。

"我们的工作现在才开始，让我们起誓吧！只要我们俩勠力同心，一定能够克服困难的，你是大将之才，我是智多星。"扎木合说。

铁木真对扎木合的话有些迷惑，他为什么要说这些呢？

"工作的性质用不着硬性规定，最好是看当时的情况随机应变，你也可以领军，我也可以当军师啊。"铁木真说。

"不，我们一定要从现在起严格规定，否则军中的秩序无法建立。"扎木合坚决地说。

"好吧，那就听你的了，但是有句话希望你能相信，我是随时愿意为你效命的。"两人喝着马乳酒起誓，互相交换信物。扎木合把祖先传下的甲胄送给铁木真，铁木真则把佩带的刀剑送给扎木合，两人继续征讨残敌，往不儿罕合勒敦山出发了。

兄弟反目

为了重建蒙古的根据地，铁木真没有一天松懈，他不断地训练士兵，反复地做军事演习。铁木真消灭蔑儿乞的消息已传播到很远的地方，许多部族重投蒙古的帐下，半年之内，他在鄂嫩河的势力，一下子扩增了好几倍。

铁木真考虑到与泰赤兀族的交锋是迟早的事，可是泰赤兀反而不敢再出面了。这时铁木真把目标放在塔塔尔部上，他们毒死父亲，才是真正的敌人。杀父之仇，不共戴天，一念及此，为之发指，因此他更竭尽全力地去训练军士。

一年之后，扎木合虽然仍与铁木真在一起，可是却日渐有了距离。他们两个人的个性截然不同，铁木真是大将之才，从来不把小事放在心上；可是扎木合却重权谋，凡事以智取，不以力胜。一个是阳刚，一个是阴柔，他俩的距离越来越大。

一天晚上，铁木真请扎木合与博尔术一道来共进晚餐，同时和他们商量道："近来一些年轻人不守军纪，我们该怎么处置他呢？"

这时博尔术看了扎木合一眼说道："这都是你对人太宽大了！铁木真，你应该全权统制属下的。"博尔术是个直肠子，说起话来从不仔细考虑，他一直对扎木合不满，总认为他藏奸，他认为铁木真对扎木合太忍让了。

扎木合也根本不把博尔术放在眼中，一面吃着羊肉，一边说："控制军心最要紧，否则众人都会离你而去的。"

博尔术听了很不顺耳，怒气冲冲地质问他道："那么你说说看，该怎么办才好？"

扎木合嘲弄地笑了笑说："最好听听大家的意见。"

"这么做在平时可以，可是战时……"一直保持沉默的铁木真终于开口了。

"不！你不了解！"扎木合暧昧地笑了笑说，"你知道部队在流传什么吗？"

"哦！他们怎么说？"铁木真问道。

"既然你不知道，我也不必多说了。可是你与属下如此隔阂，怎么能够统率他们呢？"

"你这是什么话？扎木合！"博尔术激动地说，"你为什么不把那些在背后说铁木真坏话的家伙的舌头拔出来呢？这还能算是铁木真的好友吗？"

"只有好朋友才会说真心话。"扎木合辩道。

"好啦！别吵了！"铁木真压抑住内心的愤怒，"我不希望为了这点小事而伤了我们的友情，我心中只有一个念头，就是振兴蒙古，为父亲报仇，此外任何事情，我都不会放在心上，这一点，希望两位都能了解。"铁木真说完，头也不回就踏出了帐幕。

这个时候正是初夏的晚上，空气中弥漫着嫩叶的味道。铁木真躺在湿润的草地上，凝望着夜空的星斗，扎木合为什么话中总是带刺，他实在无法了解扎木合的转变。破晓的时候，远处传来阵阵喧闹声，铁木真跳起来一看，博尔术提着血淋淋的大刀，他身边倒着一个年轻人，这时扎木合的属下都聚集在那儿，一看到铁木真走来，就四下散开了。

"博尔术,这究竟是怎么一回事？"铁木真十分惊异地问。

这时博尔术十分愤怒，指着脚下的尸体说："这个人正在传播谣言说：'铁木真根本成不了大事，他对自己的杀父仇人都束手无策！'"

"原来如此！"铁木真这才明白，昨天扎木合要暗示什么，他直接走向扎木合的帐营中去。

"扎木合！我一直都相信你，为什么你却不相信我呢？"

"哦，你是说博尔术吗？他根本是一条疯狗，有一天主人的手都会被他咬到的。"扎木合怒气冲天地说。

"扎木合！请你不要误会，博尔术是忠心耿耿的，他是为了我的名誉才杀了你的部下。"

尽管铁木真力加解释，扎木合却别过脸去，一言不发。自从发生了这件事后，铁木真的部下和扎木合的部下，不知不觉中产生了敌对心理。

一天下午，铁木真下令朝鄂嫩河的下游移动，属于扎木合的札答阑族也随军移动，但却自成一师，不和蒙古部的士兵交谈。

这天十分闷热，扎木合策马走向铁木真。

"我们就在山的附近过夜，让养马的人歇一个晚上，下一个晚上就在河边宿营，让羊群能够痛痛快快地喝水。"扎木合建议说。

"扎木合！你究竟在说些什么呀？我们和好如初吧，别对我怄气了！"铁木真有些不快地说。

扎木合却一点也不在乎地说："我并没有改变，只是不同的部族有着不同的方式罢了！"

他留下了谜一样的话，策马回去了。铁木真凝视着扎木合的背影，他命人叫博尔术来，问他扎木合的话究竟是什么意思。

"他想离开你了！"博尔术激动地说。

不久，在蒙古部族长长的队伍后面的扎木合队伍忽然消失了，没有人知道他去了哪儿。

扎木合和铁木真的不欢而散，起因于盗马事件，本来这种事在游牧民族间并不是稀罕事。曾经有一次，铁木真的部下在草原上放牧时，被扎木合的弟弟盗去一群马，铁木真的部下立刻追赶过去，一箭将扎木合的弟弟射死，夺回马群，终至演变成两军的武力冲突，所以这次盗马事件实在就是他俩分手的导火线。当晚，蒙古部在沙漠中夜营，站在前边的士兵回来报告，前面有泰赤兀人的影子。

铁木真早有铲除泰赤兀族之意，打算分两翼包围泰赤兀族。过了一会儿，博尔术来报称，泰赤兀族似乎得到了风声，全跑光了，连一只羊也没留下。这次他们怎么这么快得到风声？铁木真感到很困惑。这时扎木合的部将之一率着军队来投效铁木真，这下子使得铁木真更加迷惑了。

那位部将向铁木真表示说："我不愿再为扎木合卖命了！他已经背叛了你，而和泰赤兀人缔结同盟，打算联合塔儿忽台，歼灭蒙古部。"

"哦，真有这种事？"博尔术咆哮着，"扎木合现在在哪里？我要取他的首级！"

"慢着！"铁木真制止了正要奔出去的博尔术，"我们现在怀疑扎木合恐怕还太早，不知道他又想着什么计谋。"

"我就是讨厌他那诡计多端的样子！"博尔术十分激动，脸都涨成紫红色。

"我认为扎木合不是坏人，在他没有杀我之前，我一直都相信他。"铁木真说道。铁木真一直在揣摩这件事，但是眼前要做的事实在太多了，他来不及去深思。

这时许多小部族都带着贡物来归附他，他必须把他们编成一支有效率的军队。当时位于中国东北的金与王罕缔结同盟，打算先攻下塔塔尔。王罕把铁木真叫去，当金国与王罕的军队攻打塔塔尔时，希望铁木真率领蒙古族的军队从后面袭击。

铁木真欣喜万分，真没想到会有这么好的机会替父亲报仇。他立即回去编制军队，把1.3万人分成13个支队，其中再挑选200人作为侦察队，随时侦查塔塔尔的动态。

这年的秋天，时机已经成熟。铁木真的先头部队正好受到浓雾的掩蔽，一口气突袭了敌人的主力。塔塔尔族一时措手不及，阵脚大乱。把地势调查得清清楚楚的蒙古军，据守要塞，切断了塔塔尔的退路，把敌人歼灭殆尽。

当王罕和金国的联军到达时，战争已经结束了。在庆功宴上，金国皇帝请铁木真与他同席，并赐他大杯的酒。

他说："你这一仗打得实在太漂亮了！我非常佩服你的勇武，不知道你愿不愿意做我的大将？"但是铁木真却无意入仕于金，如今已经报了杀父之仇，他唯一的希望是返回故乡，到父亲的坟前去祭奠，也好让母亲诃额仑夫人安心。

"谢谢皇上的恩典，不过我不愿离开自己的土地，敬请宽恕。"铁木真恭敬地回答。

他把金朝皇帝赏赐的物品分赠属下，立即班师凯旋，返回故里。现在铁木真声誉日隆，投靠他的部族越来越多，势力如日东升。铁木真回到故乡后的庆祝会上，竟然看到了在沙漠和他分手的扎木合。

"我不知道我做了什么事，让我俩分开了！我并没有忘掉我的誓言，可是……"扎木合悲伤地说。

"扎木合，我的好朋友！"铁木真宽大地说，"不要再说下去了，收起你那悲伤的心情，和我一起去尽兴吧。"

"不！不知道是什么原因，使我无法像你那样高兴。"扎木合留下谜样的话，拨开了铁木真的手，径自走了。扎木合的心中充满着无限的野心，他别了铁木真后，直接到王罕那儿，郑重其事地告诉王罕说，铁木真准备反叛他。

他说："大王！铁木真只不过打了一场小胜仗，就目中无人了！他已经打算背叛你。现在是我们灭亡蒙古族最好的时机，我们可以联合泰赤兀族，夹攻蒙古部，一举把他歼灭。"

王罕听了扎木合振振有词的一番话，他的心也有些动摇了。

"但是，铁木真现在势力很大，不可小看他。"扎木合自信地拍拍胸脯，对王罕保证说，"如果这一仗打败了，我就像一只野老鼠，钻到地洞里去。"

战场搏杀

冬天到了，铁木真从兴安岭往南走，穿过沙漠，打算到天山山脉去游牧。他的目的不仅在于游牧，还在于训练部队，使他们适合远征，他把 1.2 万名骑兵分成三队，他率领其中一队先行出发。

"博尔术、别勒古台，当我的队伍消失在地平线时，你们各率一支队伍跟过来。"铁木真说，"我们一方面研究战法，一方面侦察长城一带的地势与兵力。"

军帐中的成吉思汗

从秋天一直到冬天，沙漠里黄尘滚滚，飞沙走石，往往伸手不见五指，连阳光都变得昏暗不明，这种日子持续了好几天后气温就开始下降，群山和森林都蒙上了寒意，马也有些吃不消了。铁木真的部队在北风怒号中肃然地行军，当铁木真的队伍消失在地平线之后，博尔术的队伍应该开始前进了。

这时博尔术忽然惊叫了起来："别勒古台！你看那是什么？"他指着肯特山麓，正有一支骑兵飞速赶来，卷起一阵尘土。

"奇怪了！会是谁呢？"别勒古台呆了半晌，忽然感到大敌临境了，马上令大军分左右两路，准备应战。

来者正是扎木合的部队，扎木合原是铁木真最好的朋友，现在却率领了王罕与泰赤兀人，一共 3.5 万人的混成部队向铁木真攻来。扎木合算准了铁木真今晨会出发，他马上乘虚而入。

但他忽略掉了一点，铁木真并不是真的在游牧，而是在做远征的作战演习，而且是分成两支在演练。战斗很快开始了，扎木合的部队一开始就遭遇到铁木真强劲的队伍，连泰赤兀的老将塔儿忽台都看得心惊胆战。蒙古军在大声呐喊，一鼓作气，像决了堤的海水似的，朝着扎木合的大军拥了过来。

这时铁木真怎么也不会想到后方已经展开了战斗。当他正在泉边小憩时，木华黎飞奔前来，立刻翻身下马，气喘吁吁。

"快拿水给木华黎喝。"铁木真吩咐左右手下说。

这时木华黎说："博尔术请你马上回去。"

"发生了什么事？"

"扎木合率领了札答阑族、泰赤兀族以及王罕的联军攻来了！"

"扎木合？"铁木真惊讶得说不出话来，他知道事态的严重。

"本来我们还可以应付，后来王罕的轻骑兵赶到，我们就陷入了苦战。别勒古台的脚被敌人的毒箭射中，已经无法动弹了！"曾经的好友竟然背叛自己，让他十分意外，他必须马上采取行动，绝不能让博尔术和别勒古台战死。

铁木真的军队扬着白旗，奔向战场。正在混乱中的蒙古军看到铁木真的队伍到来，立刻军心大振，敌军则望之丧胆，开始向肯特山的方向溃败，这时只剩下扎木合的军队仍在应战。别勒古台已经全身中毒，不能动弹。博尔术满腔悲愤，身先士卒，与敌人厮杀。

铁木真一马当先，陷入敌阵，对方箭如雨下，高原上黄沙滚滚，天愁地惨，蒙古的军士以一当百，锐不可当，扎木合的部队很快就溃败了。扎木合仍不服输，他命手下的箭手瞄准铁木真的胸部，希望把他射死。这位神箭手一向尊敬和仰慕铁木真，一旦奉命也只好拉满了弓。

铁木真在战场奔驰，忽然飞来一支毒箭，正好射中他的左脚，正惊讶中，又有一支毒箭飞来。"扎木合！我连做梦也想不到有一天会与你为敌！这就是我们当初的誓言吗？啊！我到现在还不敢相信！"铁木真一直喃喃地说道。

快要失去意识的铁木真伏在马上大叫："退军！退军！"这是铁木真对扎木合的最后友情，他不愿意把扎木合的军队赶尽杀绝。

夜幕四合，铁木真的箭毒已流遍全身，他的属下把他身上的毒汁吸吮了出来，到了半夜，他才恢复了元气。

知恩图报

　　星光璀璨的夜里，铁木真的部下正在庆祝胜利，忽然有一位骑马的士兵来到成吉思汗的营帐前。

　　"你是谁？"站岗的士兵问。

　　"我就是那个用毒箭射伤铁木真的人。"这人气宇轩昂，直言不讳，博尔术立即召见了他。

　　他说："我敬仰铁木真，能为他尽忠而死是我最大的愿望，我却万万没有想到会用自己的箭射中铁木真！但我身为扎木合的部下，不得不服从军令，现在我到这儿请罪，任凭你们处置吧！"

　　"你真的不想活了？"博尔术问。

　　"当然！我根本不打算活下去！"博尔术听了很感动，把他带到铁木真的帐下，铁木真一眼就认出他就是哲别。

　　"哲别，由于你的神技，我差一点丢了性命。反过来说，为了你我也可以不杀扎木合，让他活下去。如果你想活下去，我也可以成全你，如果你想死，我就杀了你，一切由你自己选择吧！"

哲别伏下身去，泣不成声。良久，他才哽咽着说："你杀了我也不过头点地，地上染一摊鲜血而已。如果不杀我，我会将功赎罪，赴汤蹈火，万死不辞！"铁木真嘉其英勇，把他收为部下，此后无论灭金、西征，他都是拼死效忠的勇将。

第二天，有一个女人穿着破烂的衣服，带着随从数人前来。她坚持要见铁木真，她说她是锁儿罕族的人。铁木真听说是锁儿罕族的人，想到救了他性命的锁儿罕失剌和他的两个孩子，他一辈子都不会忘记这件事。

"我就是锁儿罕失剌的女儿。"女人表明了身份。是恩人之女，铁木真惊喜得快掉出泪来，当晋贝和齐拉把他藏在堆积着羊毛的仓库里时，有一个女孩为他送马乳，那个女孩一定就是眼前的卡达。他还记得当时喝马乳时，香气四溢。

"说来已经都是 20 年前的往事了，但是我一天也不会忘记你们一家给我的恩惠，他们现在在哪里？我要马上去迎接他们。"

"连我也不知道他们去了哪了！"

"为什么？"铁木真惊讶地问。

"因为泰赤兀族怀疑我们掩护你，把我的父亲和哥哥都给抓去了，希望你能把他们救出来。"卡达眼中噙满热泪。铁木真听了十分心痛，他说："我对天起誓，一定不让你失望！"

成就伟业

与泰赤兀之战

差不多有半年的时间，铁木真一直躺着疗伤。别勒古台、博尔术和弟弟合撒儿常常到他的帐幕下商讨大计。别勒古台和博尔术不断进言要消灭札答阑族，以绝后患，可是铁木真怎么说都不肯答应。

过去归附扎木合的各族都投效在铁木真的帐下，可见扎木合的处境已经是众叛亲离，因此讨伐扎木合，已如箭在弦上，不得不发。

这时的蒙古旧贵族共议称铁木真为汗，并且获得各首领一致赞同，从此铁木真成了蒙古族的"汗"。至于"汗"、"可汗"，在《元朝秘史》中则写成"罕"与"合罕"。当时蒙古族的主权者都拥有"合罕"的称号，窝阔台最先取得这种称号，其次是蒙哥、忽必烈等蒙古帝国的君王。成吉思汗的时候，只称作"汗"（罕），窝阔台以后，则称为"可汗"（合罕）。

铁木真继承大汗之后，分配了各种职位。白色的军旗高高地挂起，举行就位大典。成吉思汗分别派出使者到王罕和扎木合那儿去，博尔术对此事虽不赞成，可是他不能违抗成吉思汗，因为昨天的朋友，如今已经是君主了。其实成吉思汗却是另有打算，他要知道王罕和扎木合是以什么样的态度对待他的使者，由此可以测出他们对他称汗的想法。

不久使者们都回来了，根据他们的报告，王罕对听信扎木合的话攻击蒙古族感到非常后悔。他热诚地款待了使者，还说："我的孩子终于成了'汗'了！蒙古族的汗位不应该永久虚悬，请使者告诉成吉思汗，我真是打心底里为他高兴，也速该地下有知，应该欣慰了！"

但扎木合却对来使说："为什么和我同盟时没有人推戴他为汗呢？当时他们部族的人一直对我说铁木真的种种不是，使我不得不和他分手。如今他们却又表示对铁木真忠诚，共举他为汗，这样的出尔反尔，实在令人不解！"

扎木合一直非常激动，不能释怀。及至使者临行前，才对使者说："代我向成吉思汗问好，我的心仍然没有改变。"成吉思汗希望扎木合能回来，以便重叙旧好。可是扎木合却另有打算，使者走后，他立刻派人去乃蛮族那儿，表示有心与乃蛮结好，并且对自己的战功大加炫耀。

乃蛮族地处东西交通的要道，商业发达、繁荣兴盛。当时乃蛮族的领袖是太阳汗，他虽然庸碌，但他的母亲却是一位精明能干的女性。扎木合以臣下之礼去见乃蛮的太阳汗，同时又秘密与太阳汗之弟结盟，打败了王罕。七十多岁的王罕在沙漠中艰困地挨着日子。两年之后，王罕困乏地来到了成吉思汗的地方，成吉思汗还是诚恳地款待他，并誓言愿意助他一臂之力。

这时泰赤兀族族长塔儿忽台，已在克鲁伦河的下游布好了阵势，企图要袭击成吉思汗。成吉思汗让王罕率领 1.2 万名士兵先行，博尔术率领的两万名骑兵随后，别勒古台挥的大军则在密林中待命。两军在克鲁伦河两岸对峙，扎木合是幕后军师，在泰赤兀的军中，还有乃蛮和札答阑族的军队和蔑儿乞的残党。如果这场战争胜了，扎木合将会成为北蒙古的领导者，扎木合也深具自信，认为必胜无疑。

第二天早上，两军正要交锋，忽然天空中乌云密布，雷声阵阵，大雨倾盆而下。这场突然而来的大雨使克鲁伦河的水势暴涨，位于洼地的泰赤兀族不一会工夫就陷在泥淖中，进退两难。下午风停雨止，丧失了地利的泰赤兀族，不得不朝河流的上游地区退兵。成吉思汗抓住这个机会，命令轻骑兵全力追击。

敌军后退到鄂嫩河后的山林中，蒙古军队从三面包围，战鼓隆隆，泰赤兀人胆战心惊，毫无斗志，他们的将领一一向蒙古军队投降。塔儿忽台眼见大势已去，只身潜逃到密林中，他的部将打算抓了塔儿忽台好向成吉思汗领赏，于是率了几个随从，活捉了塔儿忽台，不过却被塔儿忽台的亲信发现，一路追赶过来。

塔儿忽台叫道："你们都给我退回去，各自逃命吧！否则我可能会在这儿被杀的。"泰赤兀族的勇士只好勒住马，回头各自逃生去了。这时塔儿忽台对他的叛将说："你们这些不忠不义的人，成吉思汗也不会让你们有什么好下场的。还不如在这儿放了我，然后去禀告成吉思汗说，念在君臣一场，不忍生擒，再告诉他我的去路，这样成吉思汗一定会礼遇你们的。"

这一番话终于说服对方，于是放了塔儿忽台，自己则跑到蒙古部去晋见成吉思汗，并把塔儿忽台教他们的一番话向成吉思汗报告。

"卖主求荣，实在是卑鄙可耻！看在你们不忍生擒主人的份上，暂且饶你们一死。"成吉思汗就收留了他们，安排他们做一些杂役的工作。

成吉思汗威震整个蒙古部落，他最后的一支劲敌是乃蛮。扎木合一直相信乃蛮的力量，想不到却一战而败。因此他又改变了策略，再一次到王罕的帐下，对王罕说："你知道成吉思汗为什么要用你做先锋吗？"扎木合又鼓起他那如簧之舌，使用着他一贯的煽动手段。

"我想不出有什么用意啊。"王罕困惑地说。

"成吉思汗是一个充满野心的人，早就和乃蛮人有了密约，他总不能用自己的手去杀义父，因此他打算利用乃蛮，这是借刀杀人之计，如果你再犹豫下去，就会贻误时机了。"

"不，我不相信！我要和成吉思汗当面对质，我不相信他会做出这种事来。"王罕坚决地说。

"父亲，我们应该相信扎木合的话，马上采取行动。"王罕的儿子桑见催促着说。王罕意志薄弱，常易受人左右。

此时，王罕的军队离成吉思汗的大军只有数里之遥，他命人熄了营火，趁着黑夜，带着部队悄悄地撤走。第二天早上，成吉思汗发现王罕已偷偷撤军，不辞而别了，感到十分失望。他为王罕而战，王罕却不能相信他，王罕一走，他就没有理由再攻击乃蛮了。

趁此机会一举消灭乃蛮，其实并不费力，但是各个将领此时意见有分歧，最后成吉思汗决定尽快越过高山，穿过大漠，返回自己的故乡。

博大的胸怀

王罕并没有走远，当他的军队艰难地跋涉于山谷时，乃蛮的追兵赶到了，从山崖伏击他们。大石滚滚而下，王罕的精锐部队损失殆尽。王罕在森林中仓皇地整顿残军，敌人掳走了许多女人和牛羊。到了这个地步，已经是走投无路了，他只好厚着脸面再一次遣使到成吉思汗那儿去求援。

成吉思汗接见了使者之后，蒙古诸将都对王罕的诚意表示怀疑，一致反对再伸援手。别勒古台说："跟这种没有信用的人合作，我们自己都会受连累，造成无可挽回的局势。"可是成吉思汗却沉吟不语，心想，我曾经答应过与王罕共讨乃蛮。这时乃蛮的军队面对王罕的残兵也失去了交战的兴趣，不料由四名大将所率领的蒙古军突然杀了出来，这倒大出乃蛮兵的意料，一时自乱阵脚，狼狈败走。

王罕对成吉思汗羞惭地说："我实在太感谢你了，我甚至不敢想象你还会帮助我！"说着说着一时老泪纵横，"我死了之后，你就收了我唯一的儿子作为义弟吧！我再也没有其他的心愿了，我的部下都会忠心耿耿地拥戴你的。"

"我的心还和以前一样，让我们重修旧好吧，不要让任何奸计流言破坏我们的情谊！"成吉思汗答道。

成吉思汗仍然希望与王罕共结秦晋之好，建议把王罕的女儿啊兀儿公主，嫁给自己的长子术赤，同时再将自己的女儿豁真公主嫁给王罕的孙子，也就是桑昆的儿子秃撒合。

成吉思汗的坐像

可是王罕的儿子桑昆坚决反对，他十分嫉视而且鄙夷成吉思汗，他说："我们怎么可以跟那种人结亲呢？"

"孩子！我们不可以做那种无情无义的事！"王罕说。

"无论如何，我绝对不赞成这件事。我们有高贵的血统，怎么能和那种野蛮人联姻？这样太愧对先祖了！"

为了这件事，王罕也未再提联姻之事，王罕父子之间的感情也越来越冷淡了。唯一高兴的就是扎木合，他嫉妒成吉思汗的彪炳功业，可又无法击败他，因此看中了不知天高地厚、心高气傲的王罕之子桑昆，不断对他巧言利诱，希望他和乃蛮族联合起来夹攻蒙古部。

懦弱而意志薄弱的王罕受到扎木合的挑拨，再度远离了成吉思汗。这时，王罕已经将近 80 高龄，只听从左右的人摆布，人云亦云，自己毫无主见，他把当初成吉思汗的恩惠早已忘得一干二净。看到蒙古的势力越来越大，他感到十分不安，生怕有朝一日就会被蒙古征服。

受到扎木合唆使的桑昆，到王罕的帐下说："父亲，我们过去不是提过与成吉思汗联婚之事吗，希望现在能和成吉思汗互结秦晋之好。"王罕没有怀疑，竟然十分高兴。

"啊，现在你赞成了吗？那我就太高兴了！"王罕欣慰地说。事实上，这是桑昆和扎木合设下的毒计，假装赞成联婚，以便将铁木真诱来，然后予以陷害。

铁木真一心想发展自己在东部的势力，而与王罕采取结盟的方式，等到自己的势力壮大，时机成熟后，再决定对付王罕。可惜他的这项计谋，却被精明的敌人预先识破了。

遭人设计

两三天后，王罕派出的使者来到成吉思汗的帐下。这时他的大将都外出狩猎了，成吉思汗很快接见了来使。

"你们这次来有什么事吗？"成吉思汗问。

"过去议婚之事，因为事情很忙，一直耽误下来，现在我们已经准备好了，希望您能赏光。"成吉思汗高兴地笑了，他一直希望和王罕一族结亲。

"好吧，我这就准备出发。"成吉思汗满心喜悦，只带了十个随从，就轻装简从地出发了，好几天就露宿在旷野中。途中，他还探望了他父亲的好友。这位老人，对成吉思汗不带士兵的做法感到疑惑不安。

"我是去和王罕一族定亲的，是去喝订婚酒呢。"成吉思汗高兴地说。

"我看这件事有些不对劲，他们起初拒婚，现在又来示好，恐怕这里面有诈！"这位老人关怀地说着。

"听您这么一说倒有些道理，"成吉思汗心里也有些怀疑，这时孛儿干，率领一千名精兵也赶来了。"这件事我要重新考虑，让我先派两个使者去试探一下。"成吉思汗说。等了两天，使者一直没有回来。太阳西沉，又是一天过去了，这时有两个克烈的马夫，名叫乞失和黑黑，他们不经意间听到扎木合和桑昆的阴谋，就连夜骑着快马来告密。

"请大王一刻也不要迟疑，王罕他们要活捉大王，派出五万大军前来进攻，肯特山一带已经被他们占领了，希望你们快从克鲁伦河的方向逃跑吧。"

"王罕又骗了我！"成吉思汗咬牙切齿地说。蒙古士兵即使再勇猛，但一千人总不是五万人的对手。当时的情势十分危险，成吉思汗的千余人马，怎能敌得过有备而来的王罕大军？在如此艰难的情况下，他还是尽力保全战士的家眷，同时采取各项应变的措施。

他命卫士唤来各部族酋长，要牧童连夜在牲畜身上烙下识别印。所有的人马都随时准备待命，女人和孩子带着财物坐上骆驼车，平安地运送出去。成吉思汗本人则率领着善战的勇士督阵，慢慢地退出，他把人马安置在峡谷中，各队人马随时准备独立作战。

这时，王罕的军队来到成吉思汗的营地，他们箭如雨下，想一举将之歼灭，当他们逼近营区时，却大吃一惊，里面一个人影也没有，早就听到风声逃走了。他们细细地查看帐中，毛毡、马鞍和器皿都还留着，显然是非常匆忙，马不及鞍，就仓促地逃走了。他们在地上看到向东的车辙，于是立即挥兵东进，快马加鞭地沿途追击。

天蒙蒙亮时，在大漠的一端扬起一片沙尘，正是扎木合和王罕的大军来到。成吉思汗看到王罕的兵马浩浩荡荡骤然出现，不等对方大队的人马会齐，便从谷中冲杀而出，越过前面的溪流，击溃对方的先头部队，然后沿着斜坡布阵，掩护后面撤退的人马。

不久，王罕及诸位酋长也赶到，两军对峙，重新布阵，这场可怕的殊死战就此开始。

"我们只好决一死战了！"成吉思汗暂时按兵不动，等到双方距离渐近，先派第一线的敢死队迎战。此时敌人箭如雨下，成吉思汗损失了不少英勇的士卒。

后卫部队一直冲入敌人的阵地，成吉思汗挥动着大刀，他神勇的英姿，令敌人不敢接近。这场战争完全依靠将士们的勇猛和忠贞，敌我之势，众寡悬殊，只得依山布阵，利用地形的优势，随机应变，尽量减少正面交锋，保持元气，奋力使出最后的一击。

成吉思汗派出他的拜盟弟兄，迂回到敌军后翼的山头，这种声东击西，迂回侧击的战术，是蒙古人最擅长的手法。这一着棋终于发挥了功效，王罕的脸上也中箭负伤。敌军终于被牵制了。王罕的军队偃旗息鼓，往后撤退。这一战虽然赢了，但是成吉思汗的军队也是死伤惨重，因此他下令不再追击，停下来整顿军队。

夕阳西下，将士们都会合在一起，唯独不见博尔术的身影。成吉思汗十分担心，不知他是生是死，或许是遭到了什么意外。成吉思汗跨上马背，正想亲自去寻找，这时沙漠上有人跟跄地走来，士兵们急忙去搀扶，原来是身负重伤的博尔术。

"啊！你总算活着回来了！"成吉思汗这才放下了心，他连忙跳下马来，检查博尔术的伤势。他下定决心说："我一定把这批奸人从这个世界中除去！"

这是成吉思汗损失最大的一次战役，还好总算保存了他的核心人物，以及他自己的性命。他从小颠沛流离，出生入死，但却印证了"王者不死"的说法。成吉思汗在敌军尚未追击之前连忙撤退。沿途战士整理了自己的伤口，在荒凉的漠地猎食充饥。事后王罕感到十分悔恨，他说："我们攻击了我们不该攻击的人！"

大战太阳汗

是可忍，孰不可忍？对王罕、对扎木合已没有任何恩义可言了！成吉思汗已经下定决心，一定要扫平这些余孽。秋季来临，草茂马肥，成吉思汗休养生息已足，便开始筹划报仇的事宜。他四遣信使，召集大会，这就是蒙古高阶层的政治会议，蒙古语称为"库里尔台"。本族族人和各部酋长都前来参加，他们穿着正式华丽的衣服，恭谨地跪在白马皮的地毡上。虽然有些人主张投降王罕，但是好战的人则力主宣战，共奉成吉思汗，由大会授以统率之权。

这一年冬天，成吉思汗率领着 3600 名蒙古军，在积雪未融的二月天，率领着大军前进。这时，戈壁沙漠的势力遂分为两派，以贝加尔湖为界，东西抗衡。这次是成吉思汗采取主动去突击王罕。

王罕方面也严阵以待，四五天过后，扎木合所率领的援军赶到，和成吉思汗正面对峙，但是胜算的把握实在不大。王罕的将士们，早就盘算好要逃到乃蛮部，在心理上已经不战而败。他们唯一的盼望就是乃蛮的援军能早日到达。此时乃蛮的援军正准备越过阿尔泰山，但是在他们到达以前，蒙古军已展开了猛烈的夜袭，王罕的军队仓皇败退，博尔术所率的轻骑兵则紧追不舍，一直追到王罕的城内。

黄昏时分，军队的败局已定，王罕父子负伤而逃，成吉思汗把王罕的财产一一分赠给部下，有软皮红色护心、银光闪闪的大刀、五彩彩绸的马鞍以及金杯银盘等。至于王罕的金撒帐，则赏给了上次通风报信的两个马夫——乞失和黑黑。对于王罕的部将，只要愿意输诚来归，一律收容，因此也吸收了不少王罕的旧部将士。王罕在千钧一发之际，从王城中往外逃命，直奔阿尔泰山，结果却被乃蛮军捉住。

"我是王罕啊，放了我吧。"

"我们才不相信王罕会跑到这里来，你一定是蒙古的奸细。"乃蛮军师嘲讽地说。随后就剥光了他的衣服杀掉了他。这时王罕的儿子桑昆一直坚守城门，等到蒙古军攻到城下，他发现大势已去，就带着守军往阿尔泰山的方向逃逸。

当夜月黑风高，桑昆迷了路，和将士们走散了，后来有一个手下找到他，带他一起藏身在山谷间的小屋中。数天后，王罕的领地已完全被蒙古军占领，王罕父子也失踪了。

一晚，桑昆睡得正熟，随从偷了他的马匹，打算向成吉思汗告密。这时，成吉思汗正在审问死守城门的勇将。

"我别无他愿，只求速死！"这位勇将慷慨陈词。

"你是大将之才，如愿归顺，我将重用你。"爱才如命、知人善任的成吉思汗恳切地说。

"我对王罕已尽了心，此后的余生，当效命大王！"说着就向成吉思汗叩头谢恩。

桑昆的随从连忙上前献媚，告诉成吉思汗桑昆的藏身处，又说："他现在没有马，绝对逃不远。"

原本宽厚的成吉思汗，顿时变了脸色。他回顾左右，怒冲冲地下令道："把这人拖出去问斩，拿他的尸骸去喂狗。"

"大王，我为你效忠，怎么还要杀我呢？"

"我最讨厌那种忘恩负义、卖主求荣的无耻小人，快把他拖下去，我不想再看到他这副嘴脸。如果我和桑昆互换位置，那么出卖我的就是你了！"成吉思汗使了一个眼色，左右的人立刻把这个不忠的叛徒杀死。

当桑昆觉察到自己被属下出卖时，慌忙夺路逃亡。他千山万水，一路逃到西藏地区，至于以后的情形，正史就没有再提了。一直君临北蒙古的克烈，如今整个被清灭了。他们的首领王罕已死，桑昆则不知所终，50年来建立的霸权到此结束。

从此以后，成吉思汗不断地征战，终于完全主宰了整个大戈壁，他的势力不断地西侵，到达了西突厥的山谷地，也到了乃蛮和回纥。

成吉思汗在所征服过的土地上安置一些亲信留下来治理，使被征服者解除敌意，成为矢志效忠他的人。成吉思汗赢得广大的民心之后，便企图征服更为辽阔的世界。强敌环伺和艰苦的环境，塑造了成吉思汗的韧力和智慧。他已经统一了向他执戈相向的敌人，也显示出他宽容忍让的个性。

扎木合逃到乃蛮国，再一次说服了乃蛮王太阳汗，怂恿他再次讨伐成吉思汗。太阳汗终于被他说动了心，答应出兵。

"成吉思汗还不知道我的厉害，正在王罕的王城中神气着呢！我要活捉他，不能再让他得意下去。"太阳汗夸张地说。只有乃蛮的一位大将深知蒙古军锐不可当，不敢轻犯，一直反对出征。尤其是蒙古军趁着胜利的余威，士气如虹，与其和他交锋，不如缔结同盟。

扎木合嘲讽地说："你这种想法简直愧为大将，现在正是攻击的最好时机，蒙古军在之前的战争中消耗极大，现在已成强弩之末，还有战胜的希望吗？如果等他们养精蓄锐之后再犯乃蛮，那就不容易对付了！与其到那时候再来后悔，不如现在立刻动手。"

"你说得不错。"太阳汗点头同意。

"我已经计划好了，我们可以联合塔塔尔和蔑儿乞的部族，然后把成吉思汗四下团团围住！"各部族的混合军已经准备就绪，成吉思汗根本没有料想到太阳汗会有这一着棋。

此时是公元 1204 年的春天，成吉思汗正与众将在一起狩猎，突然传来消息，乃蛮的大军已经越过阿尔泰山，朝着成吉思汗攻来了，成吉思汗马上召集诸将商讨作战事宜。

木华黎主张道："据城坚守，不见得绝对有利，不如后退，选择合适的地点决一胜负。"

勇将博尔术听了大为不满，他驳斥道："王城等于蒙古首都，怎么可以弃而不守？再说，这么做会挫伤士气，只要拨给我 1000 士兵，就足以守城，另外再派主力部队去迎战，把敌人一直追击到阿尔泰山。"

"博尔术说得对，即使是百万大军我也绝不恐惧，我们蒙古部不是常以此自许吗？"成吉思汗道。

时机紧迫，成吉思汗下令说："蒙古部的生死存亡，在此一战了！我们使用空城之计，只能留下 100 名士兵守城，城中遍插军旗，以壮声势，我将亲自率领大军前往迎战。"

成吉思汗对这次战争没有一点把握，他不敢奢望还能有机会返回故乡。全体军士也都明白只有破釜沉舟置之死地而后生。蒙古大军开动了，当晚夜宿水边。成吉思汗命别勒古台率众去采集木柴，一把把捆了起来，点上营火无数，风吹得火苗乱舞，仿佛有百万大军驻扎在那儿似的。

太阳汗遥遥看见成吉思汗扎营的地方，一大片的营火，映亮了大半个天空，他感到惊恐不已，连忙问身旁的扎木合："成吉思汗击败王罕，兵困马疲，军力已削弱不少，这会儿怎么会出现这么多的军士呢？你看营火燃遍了大地，声势可真还不小呢！"

"哼，据我所知，我的朋友铁木真他养了四条狗，分别是铜额、凿嘴、锥舌、铁心，它们身佩利剑，乘长风吃露水，靠厮杀过日子。他们专食人肉，行军时也以人肉做粮食……这四只狗正松了链子，疯狂地要奔过来。"扎木合说。

"这四条狗是谁呀？"太阳汗又问。

"就是哲别（泰赤兀的降将）、忽必来、者勒蔑、速不台（者勒蔑的弟弟）。"

太阳汗听得心惊胆战，不由得说："我看还是别惹他们吧！"于是他立刻命令后退，背山布阵。

这时，太阳汗看到有士兵跑过来，他奇怪地问："他们怎么像刚出棚的小马般地奔了出来呢？"

"他们专门追赶士兵，剥他们的皮，抢他们的刀，夺他们的财物。他们的链子被打开了，高高兴兴狂野地奔了过来。"扎木合答道。

"我看我们还是离他们远一点吧！"太阳汗害怕了，吩咐大队人马退开，爬到山上去布阵。

"后面那个人像贪欲的鹰鸟一样，一边流着口水，一边奔跑过来，那个人是谁呢？"太阳汗问道。

"那就是我的朋友铁木真，他全身都结实得像铜筋铁骨似的，连一根针也刺不进去，他的皮肤已变成层层铁皮，他就像老鹰一样，凶暴残忍！"太阳汗听了全身发抖，下令再把阵营向后挪移。

"后面率领大军的人是谁啊？"太阳汗又问扎木合。

"那是铁木真的弟弟合撒儿，他身躯高大，能把三岁的孩子吃下去，他披上三重甲胄，拖着三头猛牛，他可以一箭射穿好几人。"

"我们再往后退一点。"太阳汗吓得两腿发软，再命军队后退。太阳汗又看到一个年轻勇猛的人，威风凛凛，气宇非凡，他又问扎木合说："后面那个年轻人是谁呀？"

扎木合回答说："他是诃额仑夫人最小的孩子，名叫帖木格，生来勇猛异常，他在千军万马中冲锋陷阵，毫无惧色。"

太阳汗更是吓得魂不附体，于是又下令说："那我们就爬到山顶上去吧。"这时候，扎木合眼看前途无望，就悄悄地离开了乃蛮族，流亡到别处去了。

乃蛮军已不战而退，成吉思汗的军队却像潮水般地拥来。成吉思汗一马当先，攻入敌阵。短兵相接，双方发生了白刃战，乃蛮军渐感不支，21万大军终于溃败了。太阳汗负伤逃走，行踪不明。乃蛮的残兵在黑暗中仓皇逃走，许多人跌落山谷，或互相践踏，死伤无数。

这次的战役可以说是一个奇迹！如此强盛的乃蛮，竟在一夜中败亡了。那些逃往天山山脉的残军，得知成吉思汗并不是那么残忍时，又折回头来归降成吉思汗。这次战役之后，成吉思汗的手下带来一个俘虏，他的手中握着一个很奇特的金属物，这个人就是塔塔统阿。

"你为什么要握着这个东西？"成吉思汗问道。

"这是我主人授命给我的，我要全力保护它。"

"你真不愧是一个忠心耿耿的臣子，但是你的主人现在已经死了，他的所有，都归于我的名下，你应为我所用才对。你现在告诉我，你手上的东西是用来做什么的？"

"这是王家的征信，加盖这印信，就可代表官府，所以十分重要。每当征收税银和谷粮，或是委用人才时，都以这印信为凭。"

成吉思汗听了十分欣赏，又按着问他："你精通本国的文字吗？"

塔塔统阿将生平所学告之，他是回纥人，生性聪明，能言善道，太阳汗尊他为师，并命他掌管金印及钱谷。

成吉思汗随即命人赶制自己的印信，并赦免了这位太阳汗的重臣，授命他在皇宫中教育皇家子弟，研习回纥文字。从此蒙古人才正式有了文字，进入了文明的阶段。回纥文原是叙利亚文的一种，由景教的教士们传授演变而来。

成吉思汗在征服太阳汗后，大封群臣，有卓越战功的人均封为"答尔罕"。"答尔罕"的地位很高，他们无论何时都可以直接进入成吉思汗的帐下，不需要通报。不但免税，还享有优先选择战利品的权力，最重要的是享有九次被赦免死罪的特权，自选封地，并且可以延传九代。"答尔罕"的特权以及荣华富贵，十分令人艳羡！

扎木合之死

　　灭了乃蛮王国之后，成吉思汗乘着胜利的余威讨伐蔑儿乞的残余势力。公元 1204 年，他把这些残党从深山中引诱出来。蔑儿乞部能骑善射，在蒙古草原上首屈一指。但是由哲别所率领的蒙古大军，声强势壮，蔑儿乞终于不敌，被击溃了。族长带了儿子潜逃，其他的军士纷纷归降。到此为止，蔑儿乞部终于再也站不起来了。

　　扎木合的部队大部分都归附了蒙古军，少数逃到阿尔泰山深处当了山贼。扎木合虽然苟全不死，可是他已智竭才尽，和五个部下隐藏在山野中。最后他的五个部下背叛了他，将他拖到成吉思汗的帐下。

　　成吉思汗知道这个潦倒不堪的人就是扎木合，他深深地叹了一口气，亲手为他解开绳子，问他说："扎木合，你怎么落魄到这种地步呢？"

　　"铁木真啊！沦落到今天，含羞蒙垢，我还能说什么呢？连我的部下都背叛了我！"扎木合无奈地说。成吉思汗骤然变了脸色，眼珠子仿佛要凸出来似的，恶狠狠地对着五个人说："你们这些卖主求荣的人，快把这些不义的人都给我推出去斩了！"

他又转过头来，感伤地对扎木合说："虽然你几度想置我于死地，但过去的友情，我到现在仍然铭记在心，我们还有希望能重修旧好吗？"

"我的野心蒙蔽了我的双眼，才会有今天的下场，这是天罚我！天罚我！"

"你过去是我的恩人，我狠不下心杀掉你，不如我们忘了过去的恩恩怨怨，再重新开始吧！"

"你的好意我心领了，这一切都是命啊！你对我已经仁至义尽，我希望你杀了我，我实在不愿意忍辱偷生！"扎木合断然地说。

无论成吉思汗如何婉言劝慰，但扎木合已经没有求生的意念了。成吉思汗也只有死了心，喟然长叹一声，然后命令手下，把扎木合绑在袋子中，让他窒息而死，留他一具全尸。

好友扎木合落得这样的下场，使成吉思汗的心中比沙漠更孤寂、更荒凉。蒙古将军们托着扎木合的尸体，把他葬在风景优美的鄂嫩河畔，他后来被当作蒙古部的守护神，世世代代受人膜拜。

成吉思汗在征服乃蛮后，也击败了蔑儿乞的余党。当时有一个蔑儿乞族名叫亦尔兀孙的人，要把他如花似玉的闺女忽兰献给成吉思汗。成吉思汗的部将纳牙阿，担心他们父女两人会被其他的士兵杀死，就叫他们在自己的辖区暂避三天，再献给成吉思汗。

成吉思汗知道了这件事，怀疑纳牙阿因为垂涎忽兰的美色而想染指，不禁怒火上升，下令处罚纳牙阿。这时忽兰挺身而出，毅然对成吉思汗说："纳牙阿不愧是你忠心的部下，让我在旅途中保存了名节。如果他另有居心，我现在已经不堪设想了。能遇上纳牙阿，是我的造化！倘蒙承恩，自然就会知道我是清白的。"

纳牙阿也表示："我对大汗绝无私心，如果我有私心，任凭处置，死而无憾！"成吉思汗相信了忽兰的话，对她十分宠幸。同时对纳牙阿加以封赏，深深赞赏他的忠诚。

后来，成吉思汗西征，在众多妻妾中，仍选忽兰伴随同行。

《成吉思汗法典》

成吉思汗征服的地方越广，他越感到管理的重要性。这些桀骜不驯的游牧民族，按照各个部落的习惯法行使制裁，由于习俗和人性各异，统治起来没有一定的标准。因此《成吉思汗法典》就应运而生，这是根据各部族的习惯、传统合成的。

法典上规定，凡是盗窃、奸淫、盗马都是死罪。每月饮酒最多醉三次，否则会使智慧消失、整日昏沉。同时禁止人们在雷雨下洗澡，也不准入河沐浴，因沙漠地带水源珍贵，特别要保持水源的清洁。唯独准许回教徒"水中洗礼"的宗教仪式。成吉思汗对宗教一向是宽容的，因此总有一大群僧侣跟在蒙古大军之后。

《成吉思汗法典》具有四个特色：一、对大汗绝对臣服；二、促成游牧民族间的团结；三、以极刑处置罪犯；四、除非是现行犯，当场论罪。如果矢口否认，则不判罪。不过大部分的蒙古人都勇于认罪，有的甚至会自求处分。

《成吉思汗法典》中还规定，从第一片雪花飘下，到第一片草原初绽新绿，这段间期是狩猎的季节，可捕杀麋鹿和野驴。到了春天，就召开库里尔台大会，各级领袖都将赴会，擅留营地者，就会像深涧的石头，或没入芦苇中的箭矢，从此消失不见。

借着《成吉思汗法典》无限的权威和无情的鞭子，使成吉思汗拥有一支训练有素、千锤百炼的军事组织，所到之处，都具有无比的威力。

千秋霸业

扎木合死后，乃蛮族也被征服，环顾北蒙古，成吉思汗已经没有对手了，于是他率领着大军，凯旋回到王城。这时是公元 1206 年，他已是整个北蒙古的大汗。

在鄂嫩河上游，举行了盛大的就汗仪式，陆续前来祝贺的游牧民族在 20 万人以上。成吉思汗的九尾白色军旗在草原上招展，真可说是威风八面。各部族的代表，在成吉思汗面前俯伏称臣，并且宣誓效忠。

蒙古草原沐浴在一片春晖之中，人们为了以后将要拥有的和平岁月而欢呼不已。成吉思汗开始对将士论功行赏，首先委任别勒古台以军事和外交的大权，齐拉主内政，木华黎是内蒙古大臣，哲别治理乃蛮王国。并从有军功的战士中挑选 95 人，作为千人长，统领各小队。

成吉思汗在王城内设置了大本营，建立了大蒙古王国的基础。这时有一个卜者，在成吉思汗的面前进谗言说："过去神的旨意要铁木真支配万民，但是现在神却属意于你的弟弟合撒儿，如果你现在不杀了合撒儿，就可能会面临巨大的灾难。"

成吉思汗被他这么一说，似乎也动了疑心，他怀疑合撒儿或许在暗中布置，阴谋造反，准备当晚就亲自去捉拿合撒儿。诃额仑夫人获得消息，连夜坐着马车去追赶成吉思汗。第二天早上，诃额仑夫人刚赶到，合撒儿已经被绑了起来，正在接受审问。诃额仑夫人连忙奔上去，松了合撒儿的绳索，重整他散乱的衣服。

她扯开自己的上衣，露出了双乳，对成吉思汗说："你看看这个，你们兄弟都是吸吮着我的乳房长大的。现在你却忘了手足之情，合撒儿一向对你忠心耿耿，甘冒矢石，为你冲锋陷阵，他究竟犯了什么罪啊？"

成吉思汗画像

诃额仑夫人悲切地训斥着，成吉思汗听了母亲的话，惭愧地垂下头来，向母亲忏悔说："我再也不会做这种糊涂事了！我是受了别人的挑唆，我竟然被他蒙骗了！"

成吉思汗马上命人把卜者抓来，怒骂道："你这大胆的家伙，竟然想离间我们兄弟的感情，让合撒儿蒙冤受屈，我现在就命力士来治你。"这时三个力士奉命入内，拖着卜者，一掌打断了他的脊椎骨，卜者顿时气绝身亡。

占卜的那个人想要染指蒙古政治，他先用离间的方法去削弱成吉思汗的力量，可是他的奸计却没有得逞。由于诃额仑夫人的及时赶到和成吉思汗的孝心，终于化解了这个危机。蒙古王国此后国泰民安，草茂羊肥。

成吉思汗一共有六个儿子：孛儿帖生下了术赤、察合台、窝阔台、拖雷四人，也速干生下了兀鲁赤，忽兰生下了阔列坚。兀鲁赤年轻时就夭折了，阔列坚后来跟随术赤的儿子拔都出征俄国时负伤阵亡。

成吉思汗为了继承人的问题，深感困扰，他打算在孛儿帖所生的四个孩子中挑选一个。此时长子术赤已经24岁，虽然勇猛善战，可是却沉默寡言，对自己的弟弟们也不多言。

成吉思汗担心他们兄弟间不能和睦相处，大蒙古王国也会因而四分五裂，所以不打算让他继承王位。

成吉思汗本是个果决的人，可是对这件事却一直举棋不定。这时征伐北方的术赤凯旋。成吉思汗秘密地召开会议，会议中只有成吉思汗和四个儿子。

他先是对术赤的战功夸奖了一番，然后郑重地对四个儿子说："我现在正在考虑继承人的问题。术赤！我先问你，你认为谁是最合适的人选？"

"我没有特别的意见。"术赤沉吟了一会，"我愿意遵照父亲的旨意。"

这时才18岁的察合台迅速地瞄了术赤一眼，很快地接着说："除了术赤以外，我都没有异议。"

微笑的成吉思汗突然变了脸色，厉声地斥责说："你这是什么话？你怎么可以对哥哥这么无礼？"说着就一巴掌打在察合台的左脸上。

"父王，难道你希望术赤继承你的王位吗？"察合台仍不服气地说。

"你们两人出去一决胜负吧，谁输了我就不认他是我的孩子。"成吉思汗厉声地说。再也按捺不住的术赤，这时使劲地把察合台拖了出去。

博尔术和木华黎连忙把两兄弟拉开，劝着说："你们两兄弟怎么可以一言不合就大打出手呢？"

"是我错了！"察合台惭愧地向术赤道歉。两兄弟走到成吉思汗面前，成吉思汗微笑地示意他俩坐下。然后郑重地宣布说："你们大家听着，我已决定把蒙古王国传位给窝阔台，但是我以后还会攻下更多的国家,让你们都能自立为王。"听了父亲的宣布，刚满 14 岁的窝阔台（也就是后来的元太宗）惊讶得连话都说不出来。

晚年雄心

西夏之战

　　成吉思汗向儿子说，他会攻下比蒙古本土大好几倍的土地，指的就是当时的金朝，首都叫中京。成吉思汗的祖先俺巴孩，被塔塔尔人带到金朝被杀，他在临刑前愤恨地说："你们现在杀了我，但是蒙古将会为我报仇的，让你们的皇帝明白。"说完他就被处刑了。这段往事深深印在蒙古族的心中，他们一直等待着复仇的时机到来。

　　金国物阜民丰，兵强马壮，游牧民族暂时还不是他们的敌手。成吉思汗一直忍耐着，等到实力雄厚了才敢下手。成吉思汗先对金朝采取低姿态，对金章宗呈献贡物以取悦他们，使金国对他戒心松弛；另一方面，他又采取远交近攻的政策，在金朝不注意的时候，把南北乃蛮都予以消灭，成立了蒙古王国，雄踞北蒙古，这时再攻金已不是难事了。

　　成吉思汗自从决心攻打金国后，就常召见往来于各地的商人，探询中都的消息，商人都异口同声地说："中都宝物堆积如山，男女宴游，歌舞升平，真是人间乐土。"商人们不断夸耀着中都的繁华。

成吉思汗问他们说："有很多军队守卫着中京吗？"

有一个人连忙说道："那是当然啦！王城中的士兵一个个穿着银光光闪闪的甲胄，看来好不威武，军队更是勇猛善战。"

"军队是否经常训练呢？"成吉思汗又问。

"那倒不，"其中的一个商人摇头回答说，"中都易守难攻，城高四丈，东西南北广达40里，城垛上用以射箭的孔穴就有一万个之多，如果进攻，无疑是送死！"

"哦！原来如此！"成吉思汗点点头。他讨伐金的计划已在心中逐渐酝酿成熟。成吉思汗在戈壁扎营的那段期间，借机来到长城之下，仔细地勘察长城的地势、砖石的城堡、门墙和角楼等，都一一地记下了所需的资料。他们记清了所有的路标，回师戈壁时，对那里的地形已有了完整的概念。

这个时候，他的一些部下已经跃跃欲试，想向金国宣战，却被成吉思汗制止了，他认为现在的时机尚未成熟，一旦轻举妄动吃了败仗，四周觊觎的敌人将会趁机而起，吞噬他自己的根据地。

当年12月，成吉思汗的母亲忽然染患恶疾，仅仅三天的时间就去世了。成吉思汗无限哀恸，他把母亲葬在不儿罕合勒敦山的山顶。当母亲被埋入土中的那一刻，成吉思汗再也忍不住生死别离的悲痛，放声大哭起来，左右无不深受感动，潸然泪下。

蒙古王国百万的子民为诃额仑夫人服丧一个月。新年又到，全国不再欢饮作乐。成吉思汗一人静坐在房中，把博尔术、木华黎、哲别等人唤了进来，向他们表明自己意欲征服金的决心，将军们自然全体赞成。

但这次敌人的性质与以往不同，之前作战对象都是草原上的游牧民族，这次却是城固沟深的农业民族，在要害之地，更筑有蜿蜒的万里长城，防止胡人南下牧马，胡人不再能以善于骑射而占优势了。成吉思汗经过一番深思熟虑之后，决定先取西夏，作为攻打金国的跳板。这只是一次牛刀小试，但却非常重要。

西夏是夹在金国与蒙古之间的一个小国，位于天山南侧。西夏人掠夺成性，因而有强盗王国之称，如果能平定西夏，就可以进入长城。西夏是由羌族所建立的王国，城市全是中国式的城墙都市。作战会议结束不久，成吉思汗就下令准备出征。以哲别为大将，率领10万大军，横渡朔漠，进攻西夏。西夏王则严阵以待，西夏的王城四面环山，易守难攻。

成吉思汗命哲别退军至沙漠上，西夏人以为蒙古军怯战败走，一时精英尽出，从城中追杀过来。蒙古军见西夏兵倾巢而出，良机难得，于是在沙漠上展开一场决战，一鼓作气把西夏军歼灭殆尽。

接着，蒙古军又乘胜进攻西夏的首都中兴府，分三面把城团团围住。西夏王李安全奋力抵抗了半年，最后成吉思汗改用水攻，城内守军终于不敌，只好投降了。李安全派使者对成吉思汗说：“愿为大王之左右手，使大王无后顾之忧。”

并且把自己的女儿献给成吉思汗，还奉上许多毛织品及骆驼等物，从此臣服于蒙古王国。

成吉思汗从公元 1209 年起出兵，直到第二年才攻占西夏，高奏凯歌。

发动蒙金战争

西夏之战仅仅是为了征金铺路，也使成吉思汗增强了信心，他相信一定能够突破万里长城。蒙古人是游牧民族，善于骑射，他们习惯于骑马作战，自从这次征伐西夏以后，使他们领悟到城郭攻防战的要领，于是成吉思汗下令军队接受新战术的训练，士兵一律使用长矛，并训练他们使用云梯和沙囊。

夜间，士兵们高举着火把练习，整个草原被照得一片通明。如此严格的训练一直进行了半年，已经完成了远征的一切准备。这时金朝派来使者说，金章宗已经驾崩，皇太子允济继位，希望蒙古王国仍能够纳贡祝贺。

新朝廷派使者前去索要贡品，并带来了新皇的谕旨。成吉思汗当时被册封为"招讨大将军"。按照礼仪，接诏书时必须双膝跪地，可是成吉思汗却傲慢地站着，淡淡地问道："新皇帝是什么人？"

"卫绍王。"

成吉思汗轻蔑地向南方（金国的方向）吐了一口口水。

"原来是那个白痴！我是绝不折节为礼的！"说完掉头而去。

成吉思汗立即召开作战会议，编列军队。13万大军分别由别勒古台、博尔术、木华黎、哲别四位大将分别率领。另留2000名士兵留守营地。

第二天，成吉思汗把金朝特使叫到帐前，叫他带口信回去。

"如果我发兵攻打金国，你们受得了吗？我一发兵就如同洪泄千里，挟千军万马之势。如果你们畏战，必须立我为王，否则，就决一雌雄。"这种话极尽侮辱之能事，当特使把口信带回燕京，卫绍王怒不可遏，立即宣召文武大臣，对蒙古近况做详尽的介绍，戍边的臣子报告蒙古正在赶弓造箭，召集兵马。这时的成吉思汗与辽歃血为盟，他深知辽人对金人的仇恨，因此册封辽侯，允其在事成之后，成为金的新统治者。

成吉思汗对荒淫无道、懦弱无能的卫绍王不屑一顾，而蒙古此时实力雄厚，于是决定发兵南进，决一雌雄。

公元1211年，成吉思汗第一次率兵伐金。出征之前，成吉思汗登上不儿罕合勒敦山顶，依蒙古礼俗，伏下身来祈祷："敬告天地，我现在要为先祖报仇，远征攻金，希望神明呵护，保佑我军。"

成吉思汗祈祷完毕，站了起来，跨上马背。他披着一身白银甲胄，闪闪生辉。他骑着一匹高大的黑马，缓缓地从山上走了下来。成吉思汗对伐金之战经过了一番慎重的准备工作。首先他派出一批谍报人员和战士，潜伏在长城附近，一是为了探听消息，二是买通关节。第二批派出的是前卫精选部队，分散在各个据点。

成吉思汗亲自率领中坚部队，左右两翼各有相同数目的人马。大军已结集在克鲁伦河畔待命,成吉思汗对将士说:"勇敢的弟兄们，我们现在就要出发了，为了大蒙古王国的荣耀，你们要紧紧追随在我的身后，只能前进不能后退。"

白色的军旗，飞扬在大漠之上，大军终于开拔了。大军在戈壁沙漠上蜿蜒着，像一条长蛇，经过数日的行军，终于渡过黄河，逼近大同府要塞。

大同府位于山西省，金国在那儿没有设要塞。驻守的金兵受到哲别所率领第一阵的突袭时，连敌人来自什么地方都没有弄清楚，就仓皇溃败而逃。哲别的部队一路势如破竹，没有几天，就打到张家口了。

这天傍晚，成吉思汗率领部队抵达张家口。夕阳西下，彩霞满天，八达岭的关卡，模糊地映在夕阳余晖中，万里长城，高高低低地蜿蜒着。成吉思汗爬上小山，向上苍祈祷，希望能一战而胜。他的心中充满了斗志与信念。

夜幕降临，八达岭陷入一片黑暗中，这时木华黎急奔而来，报告敌情:"敌人的主力军在居庸关一带，总兵力在40万以上。"

成吉思汗镇定地点点头，下令道："明天破晓之前，大军准备进攻，今晚各部队要好好地休整，养精蓄锐。"过去十几天的行军，各部队都有充分的配给，明天就要决一死战，没有必要贮存余粮。

第二天破晓之前，成吉思汗一身戎装，出现在微明的天色中，他跨上黑马，向全军严施号令："第一军迂回到八达岭一带，从山后袭击敌人。第二军、第三军、第四军攻击居庸关。"

命令一下，别勒古台的骑兵队向八达岭开拔。此外木华黎的第二军逼近弹琴峡，向居庸关正面推进。木华黎的军队利用云梯，翻越城墙，第一个跃下的就是大将木华黎，金兵措手不及，揉着惺忪睡眼，狼狈地跑了出来。

这时哲别的第四军也进入了作战位置，居高临下，箭如雨下，把金兵射死不少，坚固的城门，被蒙古军强行攻入了。

"你们要跟着木华黎的军队涌入城内。"成吉思汗下令说。于是博尔术所率的第三军蜂拥而入。

"中都已经不远了！弟兄们快进攻啊！"成吉思汗站在阵前大喊。层峦叠翠的山谷，仍笼罩在一片雾霭中，别勒古台的军队举着大旗，在山道上奔驰，一直绕到敌军的背后。

治国之才

在不到一年的时间里，成吉思汗越过长城，占领了金国大半的国土，更进一步又攻下了山东、河北许多城市，日渐向中都逼近。中都顿时陷入一片混乱，金国的胡沙虎起而背叛，率兵攻入皇城，杀了当时的皇帝——允济，以升王珣继帝位，是为宣宗。不过，胡沙虎后来却死于高琪将军之手。当时金朝的内部已经大乱，连防御的力量都没有了。

成吉思汗此次倾囊而出，动员了蒙古所有的兵力。他的围城之计不过是个钓饵，他按兵不动，切断敌人的补给。这一战略说明了两点：一在平原上，蒙古骑兵可大举获胜；二在攻城之战，尚无夺取坚固城池的把握。

哲别与同盟的辽合作，包抄金国的后路，可是经过几番的努力，却没有太大的收获。哲别和拖雷使出一计，佯装撤退，抛下车辆和补给，金人不疑，开了城门，抢夺物资。这时突然黄尘四起，蒙古军队飞马而返，剑不离手，攻入城内进行了惨绝人寰的大屠杀，哲别不但没有损失兵马，还获得了更多的财物。

转眼到了秋天，蒙古军队必须北归，整补兵马。第二年春天，蒙古军又如猛虎出柙，分三面攻击金兵。南面，由三位王子率军越过山西；东面，术赤度过兴安岭，与辽东的人马会师；成吉思汗则统领中军来到燕京。

这时金国惧怕得无法应战，刚就帝位的升王珣茫然不知所措，采纳了宰相完颜福兴的建议，送上500男奴，500女奴，以及良马丝帛金银，向成吉思汗求和。

成吉思汗提出必须以金朝公主为妻，金只得奉上了公主，正式投降。成吉思汗接受了，于是下令停止攻击，带走了大量的战利品，班师凯旋。可是这个和平只维持了3个月。

金国提出求和只是希望能暂时喘一口气，以便有充裕的时间着手准备。蒙古军撤走之后，金国就把京城移到南方的汴京，准备重整军备和蒙古对抗，这是宰相完颜福兴的策略。

成吉思汗对金的不守诺言非常震怒，他再次下令出征。成吉思汗亲率大军，越过沙漠，直指中都。大将哲别首先攻入居庸关的天险，木华黎则迂回深入辽东，两股夹攻中都。完颜福兴奏请皇帝移驾汴京，自己镇守中都。

他已经失信于蒙古，再也没有和平的可能，这次战役等于是背水一战，可是他实在不是蒙古军队的对手。城门很快就被攻破了，繁华的中都街道，被火焚烧，到处是一片哀号，大火足足烧了三天三夜，完颜福兴在烈火焚烧的皇宫中服毒自尽了。

蒙古军攻下中都，狂欢不已。成吉思汗下令犒赏将士，特开三天三夜的酒宴，疯狂地庆祝。成吉思汗在众多的俘虏中，挑选出学者、官吏、技师，其中有一人须长及腰、身长八尺，真是一个伟岸的男子！

成吉思汗听说这个人原是契丹人，名叫耶律楚材，他熟知天文、地理、数学、历史、占卜、医术等，此外对佛、道两教也有深入的研究，他曾入仕金朝，官拜左右司员外郎。他气宇轩昂，仪表脱俗，成吉思汗一见到他就非常欣赏。

"你今年多大了？"成吉思汗问道。

"25岁。"

"听说你是契丹人。"

"是的。"

"契丹与金国是宿仇，我攻占了金，也等于去除了你心头之恨，是吗？"成吉思汗如此问。

"不！"耶律楚材断然地说道，"我家从祖父起就在金朝做官，累受皇恩。对我而言，金国的皇帝就是我的皇帝。如今，国破山河在，身为金的臣子，哪有不悲痛的？"

"你对我有什么要求吗？"

"就我个人来说，我别无所求，即使大王命我去死，我也绝不会推辞。"

"说得好！"成吉思汗对他的忠义十分嘉许。耶律楚材虽然身为俘虏，却面无惧色，对征服者成吉思汗，不阿谀、不献媚，决意慷慨赴义，从容就死，真是壮士本色！

"这样吧，我要你留在我的军中为我服务。"成吉思汗面露微笑，他相信耶律楚材是个不凡的人才，将来必有大用。成吉思汗打算提拔他成为他的大臣之一。

但是别勒古台却表示反对。他说："他嘴里虽然说得冠冕堂皇，谁知他怀着什么鬼胎！我看最好不要起用在金国做官的契丹人。"

"我不会看走眼的，"成吉思汗微笑地说，"就拿哲别来说，当时他还想射死我呢！现在不是可以证明我当初的决定一点也没有错吗？我相信这次也一定错不了的！"

成吉思汗称耶律楚材为"大胡子"，经常让他陪伴左右，并且把他带回蒙古草原。耶律楚材第一次来到塞北荒漠，和蒙古人一起吃着腥膻的羊肉，在生活起居上，难免有些不习惯。当时，许多蒙古人对耶律楚材十分嫉妒，常常为难他、捉弄他。

在成吉思汗的部队中有一个专门制造弓箭的人，常常夸耀自己的技巧。有一天，他不怀好意地对耶律楚材说："我们蒙古王国，常年用兵，你这个文弱书生，实在一点用处都没有，反而能天天和成吉思汗在一起，装得煞有介事似的，真是无耻！"

"你说的话很有道理，"耶律楚材悠悠然摸着胡子，莞尔一笑说，"打仗的时候，当然需要制造弓箭等武器的人，可是太平盛世，要治国平天下的话，就需要一个治国的人才了。"耶律楚材和颜悦色，不急不慢地回答，使这个人再也无话可说。

　　这件事情很快传到成吉思汗的耳中，成吉思汗大为高兴，他欣慰地说："耶律楚材不愧是一个人才！马上得天下，不可马上治之，我相信耶律将来一定会是一位辅国的良相。此次攻下金朝，虽然得到不少金银珠宝，但我认为最珍贵的瑰宝，就是耶律楚材。"从此成吉思汗更倚重耶律楚材，有关国内国外的事，都与耶律楚材一起商量裁决。

　　耶律楚材也不负所托，在成吉思汗死后，他又辅佐窝阔台，一片忠诚始终不二。他的一生，功在元朝。谈到元朝，就不能不提到耶律楚材。

　　耶律楚材在公元 1244 年 5 月 14 日去世，年仅 55 岁。他一直担当重任，位居中枢要职，很多人都认为他官居要职，一定是万贯家财，可是他的遗物中只留下了一把名琴和若干书画而已。耶律楚材当了一辈子的宰相，死的时候竟是两袖清风！

　　耶律楚材把精力都放在治理国家上，鞠躬尽瘁，死而后已。他去世的消息传出以后，蒙古百姓就像自己的亲人去世一样，商人不开市，停止一切宴乐，且自动为耶律楚材服丧，此情此景，感人至深。

　　大败金兵之后，成吉思汗率领大军，再度回到他自幼生长的沙漠中。他把喀剌库伦——黑沙之城，作为他的帐幕所在，也是他作战指挥的大本营。那里原是王罕的首邑，在库伦西南土拉河畔，今已荒废湮没。在许多黑帐之中，有一个白毡垂丝的大帐幕，内置银桌，桌上有美酒及食物，来谒见者可尽情享受，成吉思汗居高而坐，他的妻妾则坐在下方。

成吉思汗身旁，有一个须长及腰，身高八尺的大汉，那人便是耶律楚材；另有一个持卷握笔的维吾尔人书记，那就是塔塔统阿。还有一个身穿长袖棉衣，佩挂腰圈，斜戴白色毡帽的司酒。帐幕之中，燃着荆棘和马粪。

渐露老态的成吉思汗，眼看着来日无多，征服的工作仍是千头万绪，他希望能创立更大更强盛的帝国。有一天，在喀剌库伦的行宫中，他问身边的侍卫长：“你认为什么事情最快乐？”

“在广阔无垠的大地上，骑着快马，带着猎鹰，追逐野兔。”侍卫长想了想说。

“不！那算不了什么，最快乐的事，是击溃你的敌人，看着他们倒在你脚下，这才是天下最快乐的事！”

征讨花刺子模

攻下金国的中都之后，成吉思汗留下木华黎留守，自己则回到不尔罕山的草原。庆祝凯旋的盛典，十分热闹，许多商队都群集于此，形成各式各样的市集，各地的工艺品和家畜，以及五花八门的物品，都可以在这儿买到。

军士出征时，留下妇孺孩子在故乡，现在军队回来了，大家都放下了工作，穿上最漂亮的衣服，尽情地宴乐，庆祝胜利的欢呼声，在各处喧腾着，这个盛典一共举行了十天之久。

这时成吉思汗派人把耶律楚材请来，征询他的意见。

"我们该如何建设我们的国家，使人民安居乐业呢？"成吉思汗问道。

"先提高文化，让人民都能接受教育。"

"怎样才能使国家更强盛呢？"

"对金国的人民应该广施恩泽，借重他们高度的文化。"

"你口口声声谈文化，可是金人只有文治，没有武功，结果丧权辱国，这有什么好呢？"成吉思汗不解地追问。

"如果一味地重武轻文，只能得逞一时，不能长久，只要木华黎将军一走，你就会失去了金国。仅靠武力没有文化，你的统治就无法在中原生根。"成吉思汗听了这话，为之语塞。

这时耶律楚材更进一步说道："军事虽然重要，但同时也要发展经济贸易。"他侃侃而谈，"除了向金国学习文化，也要向西域发展贸易。把金国的货品向西域推销，再向西域购买新式的武器、毛织品、玻璃器皿。如此一来，蒙古王朝的文化与武功将能齐头并进，这样才能保持国家长治久安。"

耶律楚材的真知灼见，使成吉思汗非常折服，他完全依照这个方向去做，立刻着手组织商队，向西方国家发展贸易。这个国家就是花刺子模国，是一个强盛繁华的回教国家。

成吉思汗派出的商队共有 450 人，500 多匹骆驼。他们带着无数的金银财宝和中国的绢丝、貂皮许许多多的商品。在此之前，花剌子模的商队也曾到过蒙古，成吉思汗对他们十分礼遇，以高昂的价格买下他们的商品。他相信这次派出的商队一定会深受花剌子模国的欢迎，带回许多高水准的商品。

成吉思汗同时还派遣使节去花剌子模，并致信函给花剌子模的国王：

> 久仰贵国疆土之广，国势之盛，十分欣慕。我已统一蒙古，征服金国，以及突厥诸邦，想必阁下一定有所耳闻。我的部下勇士如云，金银如山，如今我派商队前来贵国，目的是促进两国之友好。

以成吉思汗当时气焰之盛，这种态度可以说是相当温和、客气的了，何况对待金国皇帝，成吉思汗都曾露骨地侮辱过。但信函中提到征服突厥诸邦，却使同为突厥的花剌子模王颇有愠色。在回教世界中，花剌子模是武力的中心，版图东起印度，西到巴格达，北起中亚细亚的咸海，南迄波斯湾畔。不但拥有庞大有力的军备，还有高耸坚固的城池。

商队到达花剌子模时，商品被掠夺，商人们遭到逮捕，并以间谍罪论斩。只有一个人逃回了蒙古。成吉思汗听了这个人的报告大为震怒，一心要报仇泄恨，成吉思汗下决心要去征服花剌子模。

他爬上了不儿罕合勒敦山顶，跪在祭坛前，祈祷了三天三夜。蒙古草原上的将士为了准备远征而忙碌起来，木华黎率领左翼的部队，继续伐金。

公元 1219 年 6 月，蒙古大军由克鲁伦河出发，踏上西征的路途。这段征途十分漫长而险峻，25 万大军，将从贝加尔湖越过中亚高峰地带，移驻波斯。这对今天现代化装备的军队都不是件容易的事，然而成吉思汗的军队却能顺利地通过。

25 万大军中，有一支队伍是由汉人及金人混合编制的队伍。指挥官是擅长火炮之术的汉人，士兵们也擅长制造攻城的战具，如弩炮、投石机、射火机等，这些东西都是分解后装在马车上的。队伍中还有军医、翻译、伪装成商人的情报工作人员，以及接收征服地的行政人员。遗失的文件都有专人负责善后处理，各项的准备可谓是巨细靡遗，面面俱到。

这天早上，成吉思汗依例要先祭拜守护神，可是天色忽然暗了下来，不一会儿大雪纷飞。

"怪了！怎么在六月天会下起雪来呢？"成吉思汗回头对耶律楚材说，"你占卜看看，是不是不吉的前兆？"

"大王，我相信这是胜利的前兆！"耶律楚材很有自信地说。

"哦，是吗？"成吉思汗这才下定了决心，立刻挥师前进。25 万大军蜿蜒前进，士兵的甲胄闪着银色的光辉。

术赤率领的一路人马翻越 7000 尺隘道而下，进入天山北麓。部队主力则向西推进，翻越峡谷而下，行走在冰湖之上。在经过山上的隘口时遇到了风雪，许多牲畜因此毙命，只有最耐寒最坚忍的骆驼才能生存，许多马匹因患内出血而奄奄一息。

阿尔泰山是大军的必经之路，此时虽值盛夏，但是山顶仍然是大雪纷飞，积雪终年不化，蒙古士兵把积雪扫开，铲出一条道路。大军通过阿尔泰山后，进入一片绿意盎然的山谷，在许多绿洲上，泉水淙淙，野花盛开。当晚就在谷间夜宿，成吉思汗吩咐士兵们要好好养精蓄锐，因为到了明天就迫近敌境了。军士们大声地应着，个个斗志昂扬。

阿尔泰山是一道天然屏障，大军越过阿尔泰山之后，下面的道路就非常平坦了，而且牧草繁茂，泉水甘洌，大军休养之后，精力充沛地朝着花剌子模攻去。每个士兵都燃烧着复仇的怒火，花剌子模讹答剌城的守军顽强抵抗，主将亦纳勒术誓死坚守该城。这时花剌子模王派了一万名援军，使守军大为振奋，城中还有很多的贮粮，他们自信能击溃蒙古军。

想不到充满了仇恨的蒙古军，竟然一步一步缩小了包围，这场攻防战一直持续了五个月之久。这时讹答剌城的粮食也快吃完，士气越来越低落，外来的援军支持不住，趁着夜色向外逃逸而去，很快地被蒙古军逮捕了。这时城内的守军连箭都没有了，只有投掷屋瓦做最后的困兽之斗。即使如此，仍无法挽回大局。

蒙古军见城内的士兵仍然负隅顽抗，开始实行火攻，当时正值风季，火借风势迅速蔓延，城内的士兵受不了烈火的炙烤，纷纷出城投降。主将亦纳勒术当场被擒，被送到成吉思汗的面前。

成吉思汗看到亦纳勒术，厉声问道："你为什么要夺我商队物品，还伤害他们的性命？我想你不会忘了这件事吧。"成吉思汗咬牙切齿，怒目圆睁，眼中愤怒的火焰像要燃烧起来似的。

亦纳勒术也不愧为一位威武不屈的勇将，他冷静地回答说："你派来的商队中有收集我国情报的间谍，因此我们的大王才杀了他们。"

"住口！"成吉思汗怒斥着，拔出白晃晃的大刀，用力地掷在地上骂道，"我们诚心与花剌子模交好，我派出商队，结果却遭到杀害，我现在替天行道，来处死你们这些恶人！"亦纳勒术正是当初杀害蒙古商人的罪魁，他自知蒙古人绝不会轻易放过他。成吉思汗命人先以火熔银浆，灌其耳目，再砍下他的脑袋，斩首示众，把他的头颅，高高地挂在城墙上，以慰含冤而死的商队亡灵。

在花剌子模各地，仍有许多劲旅准备袭击成吉思汗。成吉思汗像一阵旋风一样，渡过锡尔河，接近了讹答剌上游的浩罕。浩罕据锡尔河之险，位于东西交通要道上，当地物产丰富，是撒马尔罕东方的门户。在术赤人马尚未到达之前，成吉思汗已经派了5000人马助阵。

花剌子模的名将帖木儿，在此地筑有堡垒，手下有三万精兵。成吉思汗把浩罕城包围起来，派人去招降，可是被拒绝了。帖木儿在蒙古语中是"铁"的意思，他是一位勇猛如铁的骁将。城堡隔着锡尔河，既无桥梁，也没有舟楫，蒙古军征来大批民工，强行运石填河。帖木儿命弓箭好手射击蒙古军，蒙古军中的金人炮手赶造弩炮用来对抗。帖木儿也改用火攻。日复一日，水陆战斗方兴未艾，石桥越造越长，帖木儿眼看目前的情况岌岌可危。

激烈的攻防战进行了数天之久。一天晚上，城内的花刺子模军突然开了城门，攻了出来，有如猛虎出柙，锐不可当，使得的蒙古兵猝不及防。花刺子模军突破重围，朝着阿姆河飞蹿。蒙古军重新布阵，紧追不舍，终于在阿姆河畔歼灭了敌军。

帖木儿单骑败走，蒙古军紧追不舍。有三个蒙古军即将追上帖木儿，帖木儿回转身来，拉弓发箭射中其中一人的眼睛，并向其他两人喝道："我还有两支箭，足以取你们的性命！"二人吓得扭头就跑。

第二天晚上，帖木儿逃向札兰丁。他的英勇事迹，流传在蒙古人和突厥人的口中。他以智慧和勇气拼死拒敌，和敌人死缠了好几个月。

这一战只是蒙军西征的一个小片段而已，千里之外，惨烈的战火正在进行着。当成吉思汗突袭到布哈拉时，穆罕默德已闻风而逃。布哈拉是回教王国的学术中心，到处有花园和图书馆，并拥有众多的饱学之士，该城派有两万名突厥兵和波斯人镇守。

　　城中居民眼看着蒙古大军压境，不过，他们自恃布哈拉城坚水深，或可防守得住，可是士气已先瓦解，守城的突厥大将趁着夜色，由水门潜逃，往阿姆河的方向而去。蒙古军快马加鞭，把潜逃的兵马悉数歼灭。

　　城中的一些长老，在群龙无首的情况下，主张开城投降，以求大汗应允保全全城人的性命。可是城内的一些主战人士仍主张不惜一战。成吉思汗于是下令火攻，所有内城的官舍房屋瞬即陷入一片火海。

　　军队蜂拥进入城中，抢劫牛羊粮食。图书馆均成了马厩，古兰经在马蹄下践踏。居民们看见有一年事已高的老人，身穿黑色盔甲，头戴羽饰护盔，神貌不凡。

　　“这人是谁？”民众好奇地问。

　　“嘘！小声点！”老人压低声音说，“他就是成吉思汗。”

　　布哈拉的富户都被逼迫献出财物，蒙古军所到之处掠夺奸淫，男人不甘妻女受辱，奋起反抗，却惨遭杀害。生离死别，哭声震天。同时火势席卷全城，浓烟蔽日，俘虏被驱往撒马尔罕城，稍有落后，便遭鞭笞，国破家亡的情景令人惨不忍睹！

　　成吉思汗继续向撒马尔罕进兵。这个地方从八世纪起，就以造纸术而闻名中亚。蒙古军很早就听说撒马尔罕的繁华，一时精神百倍，朝着这座繁华的大城前进。他们的军队中还有从布哈拉带来的俘虏们。经过五天的行程，到达了撒马尔罕郊外。在这儿，一望无际的草原，林木繁茂，果实累累，成吉思汗在河边扎营，商讨作战计划。

撒马尔罕是花剌子模的京城，穆罕默德王就住在城内。成吉思汗不能不慎重，他结集了11万大军，将这座城市像铁桶一样围了起来。

撒马尔罕城可以说是铜墙铁壁，共有12处铁门，侧翼还有碉堡，此外，还有20头武装大象，11万士兵（突厥人和波斯人），人数超过蒙古军。如果能有帖木儿守城，或许还有希望。可是撒马尔罕中的将领，看到远处战马喧腾，黄沙滚滚，早已胆战心惊，魂失魄散了。

蒙古大军士气如虹，并陆续有蒙古军前来会师。穆罕默德王起初低估了蒙古大军，想不到他们会像旋风一般，接连攻下了许多城池，不由得感到畏惧。他每天听取军事报告，当他获知蒙古军即将攻入城内，只得弃城而逃，他公告子民说，军队已无力捍卫国土，希望人民自保，自己珍重吧！

公告一经发布，民心顿时瓦解。五天后，王城就失陷了。蒙古军像潮水一样拥入，在城中到处焚烧劫掠。成吉思汗俘虏了三万花剌子模的工匠，将他们送到蒙古本土。穆罕默德听说追兵又到，再度仓皇潜逃，一直逃到波斯的尼色蒲尔（现在伊朗的东北部）。

成吉思汗暂时将大军驻扎在撒马尔罕，命军马休养。可是当他听到穆罕默德逃跑时，迅速下令哲别与速不台追击，违令者格杀勿论。哲别和速不台的军队像两支箭一样，迅速地渡过阿姆河，进入了尼色浦尔。

丘处机

穆罕默德获得蒙古大军渡过阿姆河的消息，巧妙地躲过了蒙古军的追捕，逃到阿摩尔（即现在的伊拉克地区）。穆罕默德此时已是山穷水尽，不久染上了肺炎，病情日重，1220 年 12 月，他凄凉地与世长辞了。西域大国花剌子模的国王，被草草地葬在青山之上。

"我们要活捉穆罕默德，带他去见我们的大王。"哲别大声喝道，士兵们随声附和，声闻数里。

成吉思汗下令军马休整，养精蓄锐，准备下一回合的战争。虽然已经攻下了撒马尔罕，但是花剌子模王国幅员辽阔，残余的势力仍不断地负隅顽抗。九尾白旗所向之地，战无不胜，攻无不克。蒙古军队已攻下了现在的伊朗、阿富汗的全部领土。

公元 1221 年 2 月，成吉思汗听来使报告说穆罕默德已于去年年底病死了，因此无法把他活捉回来。哲别、速不台认为有辱使命，希望能够将功赎罪，于是一路北行，进入高加索地区，把骁勇善战的钦察人一直赶到俄罗斯去。这些强壮的俄罗斯人个个骑马持盾，他们虽然已经习惯于和游牧民族作战，可是他们的动作却十分迟钝，而且内部分裂，争端时起，两军在大草原上激战了两天，钦察人死伤过半。

这次长征是人类历史上一次伟大的壮举，也只有坚忍不拔的蒙古军能完成这项创举。这次随行的学者，曾将所经之处的地理位置详细记录下来，在各大道建立驿站，征服的地区则遴选当地的官吏统治，而由一蒙古人监督，岁数到一定年龄的，都列入户籍登记。

成吉思汗的西征，一共花了三年时间，如今他已是 60 岁的老人了，虽然气概如昔，但是身体却逐渐老迈，他接受耶律楚材的建议，从山东莱州迎来长春真人丘处机，让他讲授长生不老之术。这一年是公元 1222 年。

此时成吉思汗的大本营仍设在中亚。他隆重地接待长春真人丘处机。成吉思汗问道："您千里而来，能够告诉我有什么不老仙丹吗？"

"世间没有不老仙丹，唯一的要诀是保持健康，一切不必强求！"丘处机不畏成吉思汗的威势，坦率地脱口而出。

成吉思汗十分欣赏他坦白的态度，他接着又问："有什么具体的法子呢？"

"这可以分几方面来说。首先要减少狩猎的次数，以降低从马上跌落下来的可能性，因为大王已经上了年纪，反应已不如当年敏捷。同时要有好生之德，不要多开杀戒。"

"我是蒙古人，从孩提时代起就过着骑马狩猎的生活，

成吉思汗像

一时要改变习惯，恐怕有些困难，但是你说的话我认为很有道理。"此后几个月，成吉思汗谨记长春真人的忠告，不再去狩猎。不久秋天到了，成吉思汗下令移营到撒马尔罕，长春真人也与之同行。

12月末的一天，忽然天昏地暗，雷声轰轰，大雨如注。蒙古人一向害怕打雷，平时勇敢的军士竟吓得塞住双耳，趴伏在地，一动也不敢动。

成吉思汗看到这种情形，就把长春真人请来，向他问道："真人，为什么蒙古人这么惧怕雷声呢？"

"因为蒙古人多半不孝敬老人，因而引起天怒。"

"嗯，我也是这么想。"于是成吉思汗对全军下令，以后凡是不敬双亲者，必遭雷谴。从此军士们个个孝奉父母，不敢有违。第二年3月，长春真人回山东莱州，这时的成吉思汗也思念起在不儿罕合勒敦山的故乡。

一天他把耶律楚材叫到面前说："我远征的目的既已达成，我想在春天经过西藏回到蒙古，你认为如何？"

耶律楚材断然反对说："西藏山高谷深，积雪难融，通行不易，再说，占领地一旦大军离去，极易生变。"

"你说得很对。"成吉思汗于是决心继续留下,镇压暴乱,同时聘请学者向他讲述回教的教义,直至秋初,成吉思汗接到专使来报,征讨金朝的木华黎将军在山东病故了。当时是1223年3月,专使报称:"木华黎将军临终前,对他的弟弟说,他很遗憾尚未攻下汴京,希望弟弟能代行其志,把蒙古的大旗插到汴京城头,他留下遗言后就溘然长逝了!"

　　成吉思汗听了来使的报告,不禁掩面痛哭。四年前,成吉思汗将九尾白旗授给木华黎,赋予大权远征金国,临行前成吉思汗对他说:"这面大旗就代表我,你要把它插遍在金土的每一个角落。"

　　木华黎征金,在漫长的岁月中没有一次不是奋勇力战,不愧为一名武将,可惜天不假人愿,他无法在有生之年把金国完全平定,抱恨而终,时年54岁。对成吉思汗而言,有木华黎讨伐金朝,他才放心到千里之外的花剌子模远征,而无后顾之忧。如今木华黎一死,成吉思汗等于断了一条右臂,整个心像被撕裂了似的,他命全军为木华黎服丧致哀一个月。

　　当天晚上他派人请博尔术来,谈起木华黎的往事,就像做梦一样。当年的往事一一呈现在眼前,成吉思汗称赞说:"木华黎像山一样坚挺不移,像海一样有着无底的智慧。当今之世,只有我们两个人了解他的知识丰富!"

　　"不!"和成吉思汗同年已经60岁的博尔术摇着头说,"金国的百姓都了解这点。"

　　"你说得对,他如果能多活半年,一定能完全平定金土。"

成吉思汗说到这儿，忍不住热泪盈眶，泣不成声。

"神箭"陨落

木华黎丧期已过，成吉思汗把各地的蒙古军都集中在撒马尔罕，远征俄国的哲别和速不台也准备赶回。第二年3月，速不台先派遣专使告知他正回师赶往撒马尔罕，半个月后，这支远征的军队总算赶回来了。数百只骆驼驮着新式的兵器、美术品和琳琅满目的战利品，成吉思汗命令全军列队在撒马尔罕的城门口迎接远征军。

速不台向成吉思汗报告："这次西征，总算有老天护佑，能够不辱大王使命！"

"辛苦各位了！你们的战功，比阿尔泰山还要高！"成吉思汗欣慰地点点头。

他巡视各处，却找不到哲别的影子，他感到十分不安："哲别呢？他到哪里去啦？"他着急地问。

"他已经离开了这个世界！"速不台哽咽着说。

"什么？他死了吗？他是战死还是病死的？"成吉思汗用力摇晃着速不台的肩膀。

"敌人和病魔都奈何不了他，他的阳寿已尽，像大树一样地倒了下去！"速不台忍住悲痛，不让泪水夺眶而出。

据速不台说，攻入南俄的哲别像旋风一样北上，一直攻到克里米亚半岛，经过一场激战，他歼灭了九万名俄军。某一天的晚上，他竟长眠不醒，与世长辞了。军士们把他的遗骸就地安葬。他一生金戈铁马，转战沙场，如今是永远安息了！

"唉！像箭一样的哲别，竟然离我而去了！"成吉思汗无限感慨，不胜唏嘘，他眼含热泪，面向西北，为哲别默祷致哀。

印度河之战

从兴都库什山区传来战报，新继位的花剌子模王札兰丁在东方地区聚集了一支庞大的队伍，成吉思汗只得重披战袍，率领六万大军去摧毁这支不知天高地厚的小后辈。札兰丁统率大军，潜入希斯库希山中，遇到一支为数一千余人的蒙古军，交战结果，蒙古军被击败，成吉思汗闻讯，马上派三万精兵增援。

两军相遇在巴鲁安，札兰丁分三路前进，自己统率中坚部队，他们行走在崎岖的山道中，只得下马步行应战，大破蒙古军。入夜后，蒙古军打算智取，虚张声势，做许多假人骑在马上，对方不知是诈，信以为真，以为是敌人的援兵来到，因此军心不稳。

虽然札兰丁仍打算力战到底，可是他的左翼已先溃败，札兰丁下令大吹号角，全力出击，结果歼灭了半数蒙古军，大获全胜。巴鲁安之战对蒙古军而言，是西征中唯一的败绩。可是札兰丁在胜利之后，过分骄狂，不能公平地犒赏手下，许多将领深感不满，于是带着部属离他而去。

札兰丁只得逃往印度，蒙古军在后面紧追不舍。札兰丁心急如焚，派出多名信使，前往各地招募新军，可是蒙古军早就扼守了所有的山隘通道，札兰丁只好率领三万人马，从丘陵而下，进入印度河谷。

成吉思汗的军队蜂拥而来，札兰丁一心想越过德里，和苏丹结盟，可是战况急转直下，形势吃紧，成吉思汗甚至不准士兵们停下来吃东西，挥兵全速追赶。札兰丁已陷绝境，他快马加鞭，直奔大河，但是这段河水流湍急，只好转住另一段，并下令捣毁船只，准备破釜沉舟，背水一战。

破晓时分，蒙古军赶到，他们已结集列队在河旁，阵容森然。成吉思汗居中，令左右听命，暂时按兵不动。札兰丁见情势至此，只得先发制人，挥师右翼，深入敌阵，札兰丁的精锐部队尽出，对着中军喊杀而去，希望擒贼擒王，拿下成吉思汗。不料他的坐骑被蒙古军的乱箭射中，他飞快地又跃上另一匹马，奔驰而去。

蒙古的中军受到札兰丁的猛烈攻击，仍然全力抵抗。札兰丁不停地调动左翼的兵力，以补充中军。成吉思汗令将领迂回攻击敌军已经实力空虚的左翼，这是蒙古军一贯的战法——迂回攻击。蒙古军突击攀上了高山纵谷的悬崖绝壁，当晚，就突击了札兰丁实力薄弱的侧翼据点，瓦解了札兰丁侧翼的力量。此时再度集结兵力，攻击札兰丁的中坚部队。

这全靠成吉思汗久经沙场培养出来的调度能力，使勇猛的敌军顿时慌了手脚，自乱阵容。札兰丁眼看大势已去，把重点放在成吉思汗的重骑兵团，试图突围而去。此时他的大军已经溃败，追随他的只剩下七百余名卫士。

他逃到河边时，身上只剩下一弓一剑，英雄末路。他抚摸着跟随自己南征北战的爱马，跃入急流之中，向河对岸游去。成吉思汗忽然从他的战阵中抽马而出，穿过双方的阵势，他站在大河边，注视着汹涌浪花中奋力泅水的札兰丁，英雄惺惺相惜之意油然而生。蒙古军本拟放箭杀他，却被成吉思汗制止。直到札兰丁上岸后，蒙古军才箭如雨下，射死了无数正在泅水的敌军，一时河水都染成红色，惨不忍睹！成吉思汗犹自喃喃说道："真是将门虎子！"

第二天，他才下令军队渡河追击，可是在德里附近，已寻不见札兰丁的踪影，蒙古军队对当地的气候无法适应，以致人困马乏，加上士兵水土不服，因此印度得以幸存，札兰丁也赖以脱险。

印度河之战是花剌子模王国最后的抵抗。从此以后，自西藏到里海，再无战事。此次战役无疑是西征中最富戏剧性的场面。札兰丁誓死奋战，集西亚所有居民期待于一身，不愧是英雄人物，他的传奇在西亚也广为流传，为民众津津乐道。

人生遗憾

公元 1224 年 4 月末，成吉思汗率领大军由撒马尔罕出发，回师蒙古。入秋时，大军已越过了阿尔泰山，抵达到蒙古本土。沿着世界屋脊，进入他所开拓的骆驼大道。耶律楚材进言道："终止屠杀，此其时矣。"当蒙古大军离开最后一片敌人的废墟时，成吉思汗下达了传统的命令——处死所有的俘虏。

成吉思汗不禁叹息道："拥有如此广阔的领土，只恨岁月不饶人，如今我已经是垂暮之年了！"

他询问一位回教大儒说："我这辈子的英雄霸业，虽足以睥睨一世，然而滥杀无辜，不知后人对我如何评价？"

这次西征花刺子模，远至南俄，使蒙古王国的威名远播，但是 62 岁的成吉思汗，在长达六年的远征后已见老态。这期间又痛失了爱将哲别和木华黎，如丧左右手，使他已逐渐厌倦战斗，只想狩猎过日，过和平宁静的生活。但是，上天似乎不让他闲着，木华黎一死，金人又不断地起兵反抗，如果要攻打金，必须再一次征讨西夏。

成吉思汗当初准备征讨花剌子模时，希望西夏能派出援军，西夏却说："自己没有实力，还当什么大王啊！"西夏竟敢出言不逊，成吉思汗勃然大怒，他难消心头之恨。这次要平定金朝，必先肃清西夏，以绝后患。

　　秋末冬初，凛冽的寒风从戈壁吹来，蒙古大军在尘沙中南下。成吉思汗在一次狩猎中，被一只发狂的野马撞到，坐骑受惊后前蹄举起，不断地嘶鸣，年迈的成吉思汗再也控制不住，终于跌落在地上。

　　"大王！你怎么了？"博尔术立刻赶到，把成吉思汗扶起来。

　　"博尔术！"成吉思汗摇头道，"我现在真是没用了！"

　　成吉思汗虽然只是受了点擦伤，但是过了一个晚上，他全身发烧，关节发痛。他的亲信都围拢在他床边。

　　"大王，我看征讨西夏的事还是缓一缓吧！等你身体复原了再说。"耶律楚材劝他先宽心疗伤，拖雷和博尔术也在一旁附和。

　　但成吉思汗却没有答应，他说："我绝不能让西夏人嘲笑我，在我死前，一定要完成心愿。金国的大门没有被打开，我是绝不会后退的！"说着他就跃下床来，披上甲胄，像没病的人似的。

　　成吉思汗的决心，使蒙古军队的军心大振，上下一心，决意攻打西夏的中兴府。大军一口气就攻入了西夏领土。在西夏的北境，战云密布，尘土飞扬，西夏当然不是锐不可当

成吉思汗雕像

的蒙古军队的对手。

　　春去夏来，蒙古军队一路势如破竹，一直攻到贺兰山。秋天，又继续攻下甘州、灵州等地。公元 1227 年的春天，包围了西夏的首都——中兴府。中兴府顿时陷入一片混乱，西夏国王知道大势已去，派遣使者对成吉思汗说："国王自知不敌，请稍待一个月，即开城请降。"同时还献上许多金银宝物请和，成吉思汗答应了。他暂时移师驻扎秦州，等待中兴府开城请降。

　　一天，成吉思汗忽然发起高烧，数周不退，他的体力一天天地衰弱下去。他知道自己离死期不远了，于是把继承大位的窝阔台和小儿子拖雷叫到床边说："我能征服世界，却无法征服死神，窝阔台啊！等我死后，你就率领全军，返回蒙古本土，把我的尸骨葬在故乡的山上！"

成吉思汗又转过脸对拖雷说："金国在潼关聚集大军，凭借山河之险，易守难攻，我们不得不假道于宋，从河南的唐州与登州绕道攻大梁不可。金国虽然一时难以攻破，然而他们撤潼关之兵以自救，千里赴援，我们一定能够打败他们。"成吉思汗气喘吁吁地又再一次地叮嘱："我儿窝阔台、拖雷，你们兄弟二人要同心杀敌，如果西夏没有照约定开城，就活捉他的国王，斩首示众！"说到这儿，成吉思汗颓然地闭上眼睛，咽下最后一口气，结束了 65 岁的生涯。

窝阔台奉成吉思汗的遗命，对不守约定开城投降的中兴府发动了总攻击，活捉了西夏国王。由于成吉思汗崩逝于宋境，为免敌人获知他去世的消息，凡是途中所遇的过往行旅，一律由护柩部队杀之以灭口，直到出了敌境，进入蒙古本土为止。当他们抵达故土时，那些曾与大汗共过生死患难的部属、士兵，再也忍耐不住放声痛哭起来。

黄沙飞扬，朔风怒号，荒凉的朔漠中传来将士们的悲歌：

大地飞鹰，征服万里，
如今只是黄土一抔！

成吉思汗的灵柩停在孛儿帖故居之前，让蒙古的王公贵族及百姓瞻仰遗容。灵柩还被运到成吉思汗童年时生长、战斗的山谷中。大汗生前在此处选定一处密林作为长眠之地。这是成吉思汗认为护佑他一生的不儿罕合勒敦山，也就是鄂嫩河、土拉河、克鲁伦河的发源地。

几年之后，草木繁茂，一片蓊郁，终至辨认不出成吉思汗的陵墓在什么地方了！